河出文庫

本を読むということ

自分が変わる読書術

永江朗

河出書房新社

まえがき

人間にはひとりになる時間が必要だ。ひとりで考える時間。ひとりで感じる時間。ひとりでなにもしない時間。

ひとりでいるのは、さびしくないし、みじめでもない。もちろん恥ずかしいことでもなんでもない。むしろ、ひとりでいるのはかっこいい。

でも、ひとりでいるのはむずかしいし、ひとりで考えるのはもっとむずかしい。そんなとき、味方になってくれるのが本だ。本はぼくがひとりで考えようとするとき手助けしてくれる。本を読みながら、本と対話しながら、ひとりで考える。読むのは文字だけに限らない。写真や絵も読むものだ。もちろんマンガもそう。

もっとも、本ならなんでもいいというわけではない。世の中にはたくさんの本がある。そして、毎日新しい本が出ている。統計によると、1年間に発行される新刊書は7万数千点。1年365日で割ると、1日平均およそ200点になる。過去に出版されて、現在も流通している本（既刊本）は約90万点。そのほか、もう出版社からは刊行されていないけれども古本屋さんで買ったり図書館で読める本はその何倍もある。これは日本国内の、日本語で書かれた本だけの話で、外国で出版された本、外国語で書かれている本まで含めると本はもっともっとたくさんある。そのすべてがすばらしい本ならうれしいけれども、残念ながらそうではない。ぼくの見るところ、世の中の本の半分はクズだね（いや、９割以上がクズかもしれない）。本の大洪水のなかを泳いで生き延びていくためには、クズの見分け方や、じょうずな泳ぎ方をおぼえなきゃいけない。

本を読まなくたって、生きていけないわけじゃない。本を読まなくても立派な人はたくさんいる。本を読まなくても生きていける人は、たぶん強い人なんだろう。ぼくにはむりだ。ひとりで考え、ひとりで生きていくためには、本の手助けが必要だ。どうすれば本をぼくの味方にすることができるだろう。本とのつきあい方を考えた。

もくじ

付せんを貼る
線を引く
しるしをつける
ページの角を折る
声に出して読む
書き写す
人名や地名など固有名詞を入れ替える
ファインダーごしに見る
ツッコミを入れる
著者に手紙を書く
採点をする
POPを書く
友だちにこの本を教えるとしたら

イラスト：タケウマ

本を読むということ　自分が変わる読書術

第1章
変わるために本を読む

本さえあれば

本さえあれば、なんとか生きていける。困ったときも、本を読んでいればなんとかなる。世の中で起きる問題の、たいていの答えは本のなかに見つかる。そのままぴったりの答えでなくても、似た問題の答えをもとに考えることができる。

本がぼくを助けてくれるわけではない。助けるのはぼく自身だ。本はヒントを与えてくれるだけ。でもそのヒントが、涙が出るほどうれしいことがある。

困ったら本を読む。あきらめる前に本を読む。手当たりしだいに本を読む。

すべての本が助けてくれるわけではない。役に立たない本もある。むしろ役に立たない本のほうが多い。役に立たないどころか、足を引っ張る本もたくさんある。でも、助けてくれる本は必ずある。

意見を変えないのはいいことか

なにかを決めなければならないとき、みんなで話し合う。メンバーは5人のこともあれば、40人のこともあるし、2人だけのこともある。すぐに結論が出ることもあれば、話し合いが長く続くこともある。結論が出るとは限らない。意見が割れて、グループが分裂することもある。結論がうやむやのままにされることもある。

話し合いでぼくの意見が取り入れられるとうれしい。ぼくが正しいことをみんなが認めてくれたような気持ちになる。誇らしい。「勝った」気分になる。逆に、意見が取り入れられなかったほうはどうか。「負けた」と思うだろうか。それとも、正しいのにほかのみんながわかってくれないと思うだろうか。「悔しい」と思うだろうか。

話し合いのプロセスで、最初から最後まで意見を変えないのはかっこいい。頑固一徹。信念の人。ものごとがよくわかっている人。頭のいい人。

でも、意見を変えないのは、ほんとうにいいことだろうか。意見を変えるのは、かっこ悪いことなのだろうか。意見を変えるのは「負ける」ことなんだろうか。

話し合ううちに、ぼくと違う意見があることを知る。はじめはびっくりする。「どうしてそんなふうに考えるの？」と疑問に思う。話し合いを続けるうちに、相手が考えた理由がわかってくる。ぼくが思いもしなかった視点が見えてくる。気づかなかったこと、気づいてはいたけれども重視してなかったこと。

経験しないとわからないこともある。その立場や状況にならないとわからないこともある。たとえば、道に迷ったときの心細さは、道に迷ったことのない人にはなかなか実感できない。

引っ越してきたばかりの街で道に迷う。自分の家に帰る道がわからなくなる。方向感覚がなくなり、どっちが北でどっちが南かわからなくなる。そのうち日が暮れてきて、泣きたくなってくる。その街で生まれ育った人には、道に迷うなんて信じられないだろう。遠くに見える山を目印にすれば、どっちが北かはすぐわかる。送電線の鉄塔も目印になる。でもその街に来たばかりの人には、それが目印であることすらわからない。遠くの山も、みんな同じに見えてしまう。

街のあちこちに地図と案内表示があれば助かる。こういう意見は、道に迷ったことがないと実感できない。道に迷った心細さを経験していないと、案内板を設置するお金がもったいないと思ってしまう。

案内板を設置するなんてお金のむだづかいだ、反対だ、と思っている人が、初めてこの街に来た人やまだこの街に慣れていない人にとって案内板は必要だという人の話を聞いて、意見を変えるのはかっこ悪いことだろうか。道に迷ったときの心細さについて聞き、自分がそういう状況になったときの気持ちを想像し、お金はかかるけれども案内板を設置しようと考えるのは、「負けた」ことになるのだろうか。意見を変えるのは恥ずかしいことだろうか。

話し合いは喧嘩ではない。案内板設置に賛成するグループと反対するグループが喧嘩して、どっちが勝つかというゲームでもない。案内板を設置したほうがいいのか、それともお金をかけてまでやる必要がないのか、どちらがその街のためになるのかをみんなで考えるのが話し合いだ。目的はその街を住みやすくすること。勝ち負けを決めて、勝ったほうがいい気持ちになり、負けたほうが悔しい気持ちになるのが目的ではない。

案内板を設置するかしないか。結論はどちらかひとつとは限らない。案内板よりももっといい方法があるかもしれない。たとえば誰か案内する人がいつも街角に立っているとか。その街に来る人にはあらかじめ地図を渡し、地理感覚を徹底的に身につけてもらうとか。街の住民とその街に来る人全員にGPS機能つきのスマートフォンを渡すとか。街に「よそ者」が入ってこないほうが静かでいいから、わざと街の地理はわかりにくくしたほうがいい、と考える人だっているかもしれない。

話し合いのなかではいろんな意見が出てくる。「意見」というと強い主張のような感じがするから、「アイデア」といいかえようか。話し合いではいろんなアイデアが出てくる。気づかなかったこと、見逃していたことを発見し、それぞれが自分のアイデアを修正していく。そしてそれぞれがひとりで考えていたときよりも、よりよいプランにしていく。それが話し合いだ。

話し合いで意見を変えるのはちっとも恥ずかしいことじゃない。むしろ意見を変えたほうがいい。完全無欠の人なんていない。完全無欠のアイデアなんてありえない。新しいことを知り、気づかなかったことに気づいたとき、意見は変えるべきだ。意見を変えた人を、笑ったりばかにしたりしてはいけない。

最悪なのは、自分の意見が間違っていたと気づいているのに、「負けたくない」から意見を変えないことだ。

変わるために本を読む

話し合いは楽しい。いろんなアイデアが出る。テーマが決まっていて進行役もいて、教室や会議室みたいなところでやる話し合いもいいけれども、そんな形式ばったものじゃなくて、ただテーマもなくおしゃべりしているのも楽しい。放課後の教室で、好きなアイドルの話をするとか。たとえばＡＫＢ48のメンバーで誰が好きかとか。その楽しさは、自分とは違う考え方を発見する楽しさだ。そして、他人とは違う自分の意見を表明する楽しさだ。

でも放課後の教室で話せる相手は限られている。同じクラスのなかでも、入学以来いちどもしゃべったことがない人がいるはずだ。同じクラスですらそうなのだから、同じ学年、同じ学校と広げていくと、話したことがない人のほうがはるかに多い。これが、ひとつの街、ひとつの都道府県、さらには国ぜんたい、地球丸ごととなったら、いまこの世界に生きているほとんどの人と、ぼくたちはまだ話していない。

ほんとうは、地球上のすべての人と直接話すことがいちばんいいのだと思う。でも、言葉もわからないし、遠くに行くのは大変だ。じゃあ、どうするか。本を読むおもしろさはそこにある。自分じゃない人の意見を知る。意見、アイデア、感情、体験、イメージ。なんでもいい。とにかく、世の中には自分とは違う人がいるということを知るツール、それが本だ。

他者を知る

たとえば小説を読む。登場人物が行動する。登場人物が考える。ぼくは読みながら、共感したり、驚いたり、反発したりする。その登場人物は読んでいるぼくとは違う人間だ。ぼくとは違う考え方をする人間が本のなかにいる。

読者は主人公の意見や行動に全部賛成しなくてもいい。「ぼくならこう考えないよ」とか「わたしなら違うことをする」と思いながら読んでいい。本を読むということは、その本に賛成するということではない。「ぼく／わたしとは違う人がいる」ことを確認するだけでいい。

本は時空を超える。沖縄の人とも北海道の人とも福島の人とも、本のなかでなら対話することができる。韓国の人とも、中国の人とも、ロシアの人とも、チリの人とも、イタリアの人とも、対話することができる。それだけじゃない。過去の人とも対話できる。『源氏物語』は1000年前に紫式部が書いた。「いづれの御時にか〜」なんて、いい回しは現代とずいぶん違うから読むのはちょっと大変だけど、でも読めば1000年前の紫式部と対話できる。現代語訳の本もいろいろ出ている。清少納言の『枕草子』を読むと、1000年前の人たちも現代とあまり感覚が変わらないことがわかる。『ガリア戦記』を読めば2000年前のカエサル（シーザー）と対話することができる。

むかしの人よりも現代のぼくたちのほうがものを知っているとは限らない。紫式部や清少納言より、ぼくらの感覚のほうがすぐれているとは限らない。カエサルよりぼくらのほうが世の中がわかっているとはとてもいえない。1000年経っても、2000年経っても、人は本質的に変わらない。本を通じて1000年前の清少納言や2000年前のカエサルと対話し、ぼくらは意見を変えることができる。2000年前のカエサルがいったアイデアが、21世紀の教室のなかで使えるかもしれない。

本のなかには、ためになることやいいことだけ書いてあるとは限らない。というか、いいことだらけの、ご教訓ばかり並んだ本は退屈だ。楽しいのは悪いヤツが大活躍する本。泥棒や嘘つきがとんでもないことをする。でも、泥棒が主人公の本を読んだからといって、人は泥棒にならない。たとえ小説の結末で泥棒が不幸な目に遭わなくても、「ようし、ぼくも泥棒になろう」と思う人はたぶんいない。でも、泥棒を主人公にした小説を読むことには、たんにハラハラドキドキする楽しさだけでなく、自分とはまったく違う内面を持った人間にふれるおもしろさがある。

世界を知る

本は小説だけじゃないし、本に書いてあるのは人間のことだけじゃない。宇宙のことも、地理のことも、化学のことも、数学のことも本にはある。

遠い宇宙の話はぼくらと無関係のように思える。でも太陽の光がなければぼくらは生きられないし、太陽は地球から離れた宇宙にある。太陽がどうやってできたのか、これからどうなっていくのかは、宇宙のことを調べなければわからない。

宇宙のことなんか知らなくても生きてはいける。でも知らないより知っているほうがいいんじゃないか。

南米の鉱山でなにが採れるかなんていうことは、日本に生きているぼくらには関係のない話かもしれない。でも、ほんとうに関係ないか。南米の鉱山で採掘したものは、どこかでぼくらの日常とつながっている。

人類が誕生する前の地球について知ることは、意味のないことだろうか。たしかに古代生物についての知識が、ぼくらの日常を左右することはないかもしれない。でも、大昔の地球がどうなっていたのかを研究している人がいるという事実がうれしい。過去がどうなっているのか曖昧《あいまい》なままでいるよりも、なにかしらわかっているほうが安心できるから。

ぼくらはふだん、自分はなんでも知っているような気持ちになっている。また、そうじゃないと安心して暮らすことはできない。それは生きていくうえで身につけた、必要な鈍感さでもある。すべてについて鋭敏だったら、ぼくらはストレスでたちまち寝込んでしまうだろう。電車に乗っているとき電車の走行音が気にならないように。外を歩いているとき、風に揺らぐ街路樹の葉音や鳥のさえずりや自分の足音が気にならないように。

でも、本を読むと、いままで気づかないようにしていたものが見えてくる。鳥類図鑑を見れば、庭の木にとまった鳥が、たんなる「鳥」ではなくて、スズメやホオジロやシジュウカラやメジロといった名前を持つことがわかる。「庭の木に鳥がとまっている」のではなく、「庭の木にシジュウカラがとまっている」と思うようになる。つまり、鳥類図鑑を見る前と見たあとでは、世界が違って見えている。

いま着ているＴシャツはどこから来たのか。素材となる綿はどこでとれたのか。誰が綿を摘《つ》んだのか。摘んだ綿から糸にしたのは誰か。糸からＴシャツにしたのは誰か。考えるといくらでも疑問がわいてくる。そして本を読めば、その答えがあるかもしれない。１枚のＴシャツからはじまる疑問は、さらに広がっていく。いつごろから人類は綿を利用するようになったのか。綿にはどんな歴史があるのか。Ｔシャツ１枚と本１冊から、ぼくたちは世界を知っていく。綿の歴史と綿製品ができるまでを知ったあとでは、朝起きてＴシャツを着るたびに、そのことを思い出すだろう。もちろんそれでなにかが変わるわけではないかもしれない。でも、なにも考えずにＴシャツを着る朝と、綿の歴史や綿製品をどうやってつくるかを考えながらTシャツを着る朝は、違う朝ではないのか。

自分を知る

他者を知り、世界を知ることは、自分を知ることだ。小説を読む。主人公の考えや行動を知る。共感したり反発したりする。読んでいる自分は、主人公とは違う。主人公と自分を比べてみる。こんなふうには考えない。こんな行動はしない。小説の主人公がいることで、それまで意識していなかった自分が見えてくる。

本は鏡のようなものだ。本があることで自分がわかる。

著者がいっていることを読んで、「変だな」と思う。「変だな」と思うのは、ぼくと著者の考え方が違うからだ。ぼくならこうは考えない。でもそれはそのままひっくり返る。本の著者がもしもぼくを知ったら、ぼくのことを「変だな」と思うだろう。著者の視点になることで、ぼくのことを意識することができる。まるで他人を見るようにしてぼくを見ることができる。本を鏡のようにして、自分自身の姿を映し出す。

ぼくたちはふだん、自分自身についてあまり意識していない。歩くとき、どんな姿勢か。足の出し方は？　歩幅は？　机に向かって勉強しているときも、背筋が伸びているかどうかなんて気にしない。友だちとおしゃべりしているとき、自分がどんな顔をしているか考えることもない。

ところが本を読むと、とたんに自分のことも気になってくる。たとえば主人公の歩き方が描写されている。背中を丸め、肩をすぼめるようにして歩いている。もしかして、ぼくも気がつかないうちに、背中を丸めてうつむいて歩いてやしないか？　小股《こまた》でちょこちょこ歩くよりも、少し大股でゆっくり歩いたほうがかっこいいかもしれない。

もっと意識していないのは表情だ。無表情で歩いているんじゃないか。それどころか、怒ったような、不機嫌そうな顔になっているかもしれない。べつに怒ってなんかいないのに。ただ、勉強のことや、部活のことや、友だちのことを考えていただけなのに。本を読んでいて、主人公の表情の描写を読んで、自分自身の顔について意識する。

本を読むと「〜ではない自分」が見つかる。主人公のようにかっこよくない自分。悪役ほどは意地悪ではない自分。主人公のようには勇気がない自分。でも、悪役よりは優しくて親切（でありたいと思う）自分。小説に限らない。自然科学についての本ならば「宇宙についてまだよく知らない自分」や「動物の世界の不思議さに惹かれる自分」を発見することができる。

抽象と具体のキャッチボール

たいていの本は言葉で書かれていて、言葉は多かれ少なかれ抽象的だ。「りんご」という言葉は、りんごそのものではない。いろんなりんごがこの言葉に含まれている。果物屋の店先にあるのもりんごだし、自分の家でおやつの時間に食べるのもりんご。丸ごとのものもりんご。切ったのもりんご。ジュースになったのもりんご。あらゆるりんごが「りんご」という言葉であらわされる。でも言葉の「りんご」と、具体的なひとつひとつのりんごは違う。抽象的なイメージとしての「りんご」と、具体的なりんごの間をいったり来たりするのが「りんご」という言葉だ。本をたくさん読むということは、抽象的な「りんご」と、個々の具体的なりんごとを結びつけるトレーニングを積むようなものだ。

「りんご」はまだいい。物体があるからイメージしやすい。じゃあ、「美しい」はどうだろう。「『美しい』を見せて」といわれたらどうするか。

写真を見て「美しい」と思う。夕やけを見て「美しい」と思う。サッカーの選手が見事なシュートを決めたとき、その瞬間を「美しい」と感じるのはどうだろう。それはサッカー選手のからだの動かし方が美しいのか。ボールの飛び方が美しいのか。それともそのシーンの全体、シュートを打った選手だけでなく、相手のゴールキーパーやディフェンダーや芝の色や空の色やサポーターの歓声や、そのほか気温や風、空気のにおいまで含めて、その瞬間のすべてが「美しい」のか。ビジュアルなものだけじゃない。音楽を聴いて「美しい」と感じるのと、絵を見て「美しい」と感じるのと、女の人を見て「美しい」と感じるのと、それぞれの「美しい」はどこが同じでどこが違っているのか。

「美しい」と感じる音楽もひとつだけではないはずだ。複数の音楽を「美しい」と感じるとき、共通しているのはどこで、違っているのはどこか。

本に書かれているのは多かれ少なかれ抽象的なことだ。抽象的な「美しい」と、具体的な「美しい」。そのふたつをいったり来たりする。美しいもの、美しいことについて書かれた本をたくさん読むうちに、日常生活のなかで出会うさまざまなものに「美しい」を発見できるようになる。

「美しい」に限らない。「クール」でも「かわいい」でも。「かわいい」という言葉が流行すると、いままでなんでもなかったものが「かわいい」と感じられるようになる。具体的な「かわいい」と抽象的な「かわいい」のキャッチボールがはじまる。

好奇心のトレーニング

世の中では、好奇心がおう盛なのは良いことだとされている。いろんな職業の達人に聞くと、「必要なのは好奇心です」と答える人が多い。好奇心はとても価値のあるものらしい。できるなら好奇心を鍛えたいと思う。でも、それは簡単ではない。ばくぜんと「好奇心を鍛えたいなあ」と思っていても、好奇心おう盛にはならない。「なんにでも興味を持つこと」ともいわれる。これもむずかしい。興味は持とうと思って持てるものでもない。興味は自然とわいてくるものだ。

ぼんやりと月を眺める。いい気持ちだ。月はきれいだ。満月じゃなくても、半月でも三日月でもきれいだ。

ふつうはこれだけで終わってしまう。好奇心もなにもない。ここから、「月はなぜ満ち欠けするのか」という疑問を持つためには、きっかけが必要だ。黙っていても、ごく自然に「なぜ満ち欠けするのだろう」と思う人がいるかもしれない。でも、しょっちゅう月を見上げていて、月が満ち欠けするのは当たり前だと思っている人は、「なぜ」とは考えない。

「なぜ」のきっかけになるのが本だ。天文について書かれた本かもしれないし、月の写真集かもしれないし、アメリカのアポロ計画についてのノンフィクションかもしれない。月の裏側にはＵＦＯの基地がある、なんていう本かもしれない。小説かもしれない。なんでもいいけど、１冊の本から「なぜ月は満ち欠けするのか」という疑問がわいてくる。「月が満ち欠けするのはへんじゃないか？」ということに気づく。

気づいたらどうするか。気づいてもそのままにしておく人が大半かもしれない。でも、そこから月と地球と太陽の関係について調べていく人だっている。月が満ち欠けしているように見えるのは、もちろん実際に月そのものが凹んだりふくらんだりしているわけではなく、月に影ができるからだ。影の部分が空の暗さにとけこんで、まるでなにもないかのように見えているだけ。高性能な天体望遠鏡でなくても、双眼鏡でも、月の影の部分を観察することができる。

じゃあ、この影はなんの影なのか。

こうして疑問が広がっていく。それが好奇心。

本のいいところは、疑問への回答が比較的簡単に見つかるということだ。わざわざ月まで行かなくても、月が欠け（て見え）ることの理由は探せる。図書館に行って、何冊か本を読めばいい。どんな本を見ればいいかわからないときは、図書館のカウンターにいる人に相談すればいい。

好奇心というのは不思議なもので、疑問を見つけて回答を探すという一連のプロセスを繰り返すうちに、たくさん疑問を発見できるようになる。問題を解決すればするほど問題が増えていくというパラドクス。この、問題を見つけるセンスが好奇心だ。いろんなジャンルの本を読めば、好奇心が強まっていく。ただしそれにはコツがあるけれども。

人生のシミュレーション

成功体験なんていうけれども、人を成長させるのは成功よりも失敗だ。成功なんかしても、人は鼻高々《はなたかだか》の天狗《てんぐ》になるだけで、あまりいいことはない。

人はひとつ失敗すると、ひとつ利口になる。同じ失敗を繰り返さないように気をつけるからだ。同じ失敗をしそうになると、「この道は前に通った道だぞ」と気づく。だから失敗を重ねれば間違いは少なくなる。

理屈のうえではそうだけど、現実にはそうしょっちゅう失敗しているわけにもいかない。失敗のなかには命にかかわるものもあるだろう。失敗を重ねるうちに死んでしまうかもしれない。

読書は失敗のシミュレーションでもある。いろんな人の、いろんな失敗を発見できる。

もちろん本を読んだだけで、あらゆる失敗を避けられるとは限らない。本のなかにあることは現実ではないから。本を読んでも実際に失敗するほどの痛みはともなわないから。それはちょっと想像するだけでもわかるだろう。小説に自転車で転ぶシーンがあったとする。「痛い」と書いてある。自転車で転ぶと痛いということがわかる。でもその痛みは、本で読んだ痛みにすぎない。実際に自転車で転ぶと、からだがアスファルトの地面に強く叩きつけられた痛みや、皮膚が強くこすられた痛みや、自転車がからだのあちこちにぶつかる痛みが一気にやってくる。痛さと熱さがまじったような感覚。本ではそこまでの経験は得られない。でも、自転車に乗っていておかしなことをすると転ぶことがわかる。転ぶと痛いということもわかる。どんなふうに痛いかはよく想像しなければならないけれども。

とはいえ、シミュレーションはあくまでシミュレーション。歴史の本を読むと、人類が過去にどれだけの間違いをおかしてきたかがたくさん書いてある。人類の歴史は間違いの連続だ。歴史の本をたくさん読めば間違いはなくなるか。残念ながらそうではない。人間は文字を持つと同時に歴史を書きはじめた。あらゆる民族が歴史を書き残した。文字を持たない民族も、歌などのかたちで歴史を残した。人類は過去の歴史を読みながら自分たちの歴史をつくってきた。それでも間違える。過去にやった失敗を繰り返す。いまも失敗し続けている。

じゃあ、歴史の本を読むことに意味はないか。そうではないだろう。歴史の本を読まなかったらもっと失敗は多かっただろう。歴史に学ばなかったら、世の中はもっとひどいことになっていただろう。ひどい世の中だけど、これはまだマシなほうなのかもしれない。もっとひどい世の中になっていた可能性だってあるのだから。

ぼくらの人生はひどい人生かもしれないけど、もっとひどい人生にしないために、ぼくは今日も本を読む。

第2章

本のなにがいいのか

さえない14歳

ぼくが本をたくさん読むようになったのは14歳のときだった。

さえない14歳だった。

ポール・ニザンの『アデン、アラビア』というエッセイに、「ぼくは二十歳だった。それが人生のいちばん美しいときだとは誰にもいわせない」というフレーズがあるけれども、これは「20歳は人生でいちばん美しいときなんだぞ」ということの反語的な表現で、これをもじっていうなら、「ぼくは14歳だった。それが人生のいちばんさえないときだということはいうまでもない」という感じ。まあ、いまでもじゅうぶんさえないけどね。

14歳のぼくは転校生だった。

美瑛町《びえいちょう》という、北海道のほぼまんなかにある小さな町から、隣にある旭川市に引っ越した。大人になると美瑛町も旭川市もそれほど違いがないように思えてくるし、「旭川市も美瑛町も、どちらもいい町だね」と素直にいえる。でも14歳のときは違った。人口で比較すると、当時の旭川市は美瑛町の15倍ぐらいあった。べつに大きな町に住んでいるからえらいわけじゃない。そんなことは14歳のぼくにもわかっていた。でも、小さな町から来た田舎者だってばかにされるんじゃないかと、転校生のぼくはびくびくしていた。

それでなくても、ぼくはさえない14歳だった。

まず、背が低い。身長順に並ぶと、いつもいちばん前だった。人間には大きな人もいるし、小さな人もいる。当たり前だ。太った人もやせた人もいる。全員が同じ身長だったらおかしい。みんなが違うんだから、その集団のなかでいちばん小さな人もいればいちばん大きな人もいる。そもそも、身長は自分の意思や努力でどうなるものでもない（あるとき、津野海太郎さんに、「自分の意思や努力でどうにもならないことについて、からかったり非難するのは、とても下品なことだ」と教えられた）。でも、当人にとっては、とてもつらいことだ。

スポーツも苦手だった。足が遅い。ジャンプ力もない。反射神経も鈍い。体育の時間がいやでいやでたまらなかった。長距離走や短距離走でビリになるのはしかたない。いちばんつらいのはバレーボールやバスケットボールなどの集団でやる競技だ。ボールがぼくのところに飛んでくると、みんながっかりした顔をした。

勉強のほうもぱっとしなかった。1クラス45人中、10番目ぐらいの成績だった。授業についていけないというわけではないが、目立つ秀才でもない。地味な存在だ。スポーツもだめ、勉強もいまいち。じゃあ、ほかになにか得意なことがあるかというと、それもなかった。クラスには、勉強はいまいちだけど、歌がうまい男子がいた。彼はオリジナルの曲を作って、ギターを弾きながら歌っていた。ぼくも小遣いをためてギターを買ったが、いくら練習してもうまくならなかったし、4小節以上の曲をつくることはできなかった。

ぼくは自分がさえないことを自覚している14歳だった。

本屋さんはぼくのことなんか気にしていない

そんなぼくの唯一の楽しみが、本屋さんに行くことだった。

ぼくは9歳のころから花粉症だ。雪がとけて春になると、ひどいくしゃみと鼻水、目の痒さに苦しむ。学校を休んだり、早退することもあった。症状がひどいときは、顔にタオルをあてて、ベッドのなかで丸くなっているしかなかった。

当時はまだ珍しい病気だった。中学校2年生のとき、総合病院の耳鼻科のお医者さんが、実験的に治療を始めた。減感作療法《げんかんさ》という、花粉症の原因になる物質を薄めて、少しずつ注射する治療法だ。お医者さんがつくった花粉症患者用の日記帳に、その日の症状の具合を毎日書き込み、週に1回、お医者さんに報告した。

総合病院はぼくが住んでいた家からは、ちょうど街の反対側にあった。ぼくの家は東の端のほうにあり、病院は西の端にあった。病院に行くには、街の中心部でバスを乗り継がなければならなかった。

乗り継ぐバス停の近くに、大きな本屋さんがあった。バスを待つあいだ、その本屋さんで時間をつぶすことをぼくは覚えた。

さえないぼくにとって、本屋さんは夢のような場所だった。とにかく本がたくさんある。いろんなジャンルの本がある。それまでぼくにとって本屋さんというと、辞書や学習参考書を買うところだった。でも本屋さんには、小説もあれば写真集もある。生物の本もあれば、料理の本もある。地図やガイドブックもある。病院で注射をしてもらって、お医者さんから薬をもらい（ふつうの患者さんは1階の薬局で薬を受け取るのに、ぼくだけはお医者さんが机の引き出しから取り出した薬をもらっていた）、バスを降りてデパートに入る。その3階にある本屋さんにつながるエスカレーターに乗るだけで、わくわくしてきた。

本棚の前に立って、背表紙を順番に眺めていくのが好きだった。作家のなかには知っている名前もあれば、知らない名前もある。知らない名前のほうが圧倒的に多い。そんななかで、読んだことのある作家の名前を見つけるとうれしかった。

本屋さんでは誰もぼくのことなんか気にしていない。お客さんも店員さんも、みんな本のことしか考えていない。お客さんはみんな本棚のほうを見つめているし、店員さんもお客さんに聞かれた本を探したり、本棚の下の引き出しから本を取り出して棚に入れたりと、いそがしくしている。ぼくがさえない14歳であるかどうかなんて、本屋さんにいる人たちにとってはどうでもいいことだった。本屋さんで本棚の前に立っているだけで、ぼくは幸福な気分だった。

読書は現実逃避だった

そのうち自分で本を買うようになった。といっても中学生の小遣いなどわずかなものだから、高い本は買えない。買うのはいつも文庫だった。

はじめに買ったのは、畑正憲の『天然記念物の動物たち』だった。ムツゴロウの愛称で知られる作家だ。ぼくは動物が好きで、畑さんの動物ノンフィクションが大好きだった。獣医になりたいと思うこともあったほどだ。

読む本が、ムツゴロウさんから芋づる式に広がっていった。ムツゴロウさんが北杜夫を尊敬しているということをどこかで書いていたので、北杜夫のエッセイや小説を読むようになった。小説はよくわからないものがあったけれども、「どくとるマンボウ」もののエッセイは大好きだった。北さんのエッセイに遠藤周作や安岡章太郎が登場するので、彼らの本も読むようになった。安岡さんの自伝的な小説のなかに、学校の先生から、宿題をやってくるか、それともゲンコツでなぐられるか、という二者択一を迫られるシーンがある。怠け者の安岡さんは、めんどうな宿題をやるぐらいならと、ゲンコツのほうを選ぶ。ぼくにもまったく同じことが起きた。試験の点数が悪かった生徒が集められ、宿題かゲンコツかと迫られた。ぼくは迷わずゲンコツを選んだのだが、その一発は涙が出るほど痛かった。いま考えると、先生も安岡さんの作品を読んでいたのだと思う。

畑さんの『ムツゴロウの結婚記』のなかに、大江健三郎との出会いの話がある。畑さんは高校生のころから作家志望だったが、開業医だったお父さんの意向で東大では理類に入る。とりあえず入学しておいて、あとで転部するつもりだったという。ところがある日、作家になることと転部をあきらめる。そのときのことを畑さんは後に奥さんになる恋人に書き送っている。自分は作家になるのをあきらめる、なぜならとてつもない才能に出会ってしまったからだ。とうてい自分はかなわない。自分に夢を捨てさせた男の名前を覚えておいてほしい。いや、覚えておく必要はない。なぜなら、何年かすると、ぼくらはいやでも彼の名前をあちこちで見ることになるから。彼の名前は大江健三郎という。

うろおぼえだけど、たしかこんな文章だったと思う。畑さんが東大の学生のころ、大江健三郎が「奇妙な仕事」を東大新聞に発表した。『ムツゴロウの結婚記』を読んだぼくは、大好きな畑さんに小説家の道をあきらめさせるほどの才能、大江健三郎という人はどういう人なんだろうと思った。やがてぼくの関心は大江健三郎へ、そして大江健三郎に影響を与えたというサルトルに、さらにサルトルが影響を受けたフッサールの現象学やハイデガーの存在論といった哲学へと向かっていくのだけれども、それは高校生や大学生になってからの話。とりあえず14歳のぼくは、本屋さんの本棚の前に立っているときと、本屋さんで買った文庫本を読んでいるときだけは、さえないかっこ悪い14歳でいることを忘れていられると発見した。ぼくにとって読書は現実逃避だった。あのときぼくに本と本屋がなかったら、ずいぶんつらい毎日だったんじゃないかと思う。

本さえ読んでいれば大丈夫？

畑さんの『ムツゴロウの青春記』や北さんの『どくとるマンボウ青春記』はいろんなことを教えてくれた。どんな本を読んだか、どんなふうに勉強したかも書かれている。畑さんは九州の日田から東大に進み、教育用記録映画をつくる会社に入った。北さんは偉大な歌人、斎藤茂吉の次男として生まれたことで、さまざまな悩みを抱えた。名門私立中学校から、高校は長野県松本市の旧制松本高校に進み、大学は仙台の東北大学に進んだ。斎藤茂吉は歌人であると同時に精神科医でもあり、北さんも医学部を選んだ。

『どくとるマンボウ青春記』には、旧制高校のバンカラ学生たちの生活がおもしろおかしく描かれていた。ぼくはそれがうらやましくてしょうがなかった。がんばって勉強して、東北大学か信州大学に入りたいものだ、と野望を抱いたりした（さすがに畑さんが行った東大へというのは、野望すら抱かなかった）。

畑さんや北さんの青春記を読んで、ぼくは重大な間違いをひとつしてしまった。それは、本さえたくさん読んでいれば、学校の勉強なんてしなくても大丈夫だと思ってしまったことだ。ふたりとも大秀才で、ぼくは凡才だということを忘れていた。それに北さんの青春記にはかなりの誇張がある。畑さんも北さんも本をたくさん読んだけど、学校の勉強だって人一倍やっていたのだ。

でも、「本さえ読んでいれば大丈夫」というのは、必ずしも間違いではなかったと思う。本さえ読んでいればなんとかなる。本がいつか助けてくれる。ぼくはいまでもそう思っている。

本のいいところは、何度でも読めること

14歳のぼくの本の読み方は、とにかく手当たりしだいだった。計画性なんてゼロ。いまだったら、読むべき本のリストをつくって、順番に、そしてまんべんなく読もうとするのだけれども。畑さん、北さんの青春記を読んで、計画を立てること自体がかっこ悪いことのように思えたのだ。ほら、あるでしょう？　きちんと計画を立てた旅行よりも、行き当たりばったりの旅のほうがかっこいいというイメージが。でも、実際に旅をしてみると、ある程度は事前に調べておいて、大まかな計画を立てておいたほうが、楽しい思いをできる。計画を立てるプロセスも楽しいし。でも14歳のときは

そんなこと思わなかった。

手当たりしだいだけど、予算は限られている。親からもらう月々の小遣いで買えるのは薄い文庫だけだ。当時はブックオフもなかったし（ブックオフができるのは1990年だ）、古本屋に行こうとは思いつきもしなかった。毎週、病院の帰りに本屋さんに寄って、店内をひとまわりした後、文庫売場に行って、本棚の前に立って「いちばんおもしろそうな本を買おう」と背表紙を一所懸命に眺めた。

1冊の本を読むと、その本に登場するほかの作家のことが気になった。畑さんのエッセイで北杜夫を見つけたように、北さんの本から遠藤周作を見つけ、遠藤さんの本から吉行淳之介や三浦朱門や瀬戸内晴美（寂聴）や佐藤愛子やサトウハチローの名前を見つけた。本屋さんの棚にそうした作家の名前を発見すると、手に取って最初のほうを1、2ページ読んでみた。おもしろそうで、値段が安いものを選んで買った。

本のいいところは、何度でも読めることだ。薄い文庫の本は、夢中になるとひと晩かふた晩で読み終わってしまう。読み終わったら、こんどはおもしろかったところを中心にまた読んだ。

大人向けの文学を読んでみる

わずかな小遣いで買える本は限られている。ぼくはもっと本を読みたいと思うようになった。いまだったら図書館に行くのだけど、そのころぼくの家から市の中央図書館まではかなりの距離があった。バスに乗らないといけない。そこでぼくは、自分の家のなかにある本を読むことにした。つまり両親の本だ。

ぼくの父は小学校の先生だった。父の本棚には世界文学全集や夏目漱石、永井荷風などの文庫本があった。そのほかにも教育に関する本や、なにやらむずかしげな本もたくさんあったけれども、そちらは目に入らない。とりあえず世界文学全集を読んでみようと思った。函《はこい》入りの大きな本だった。ぼくが読んでみたのは、スタンダールの『赤と黒』、スタインベックの『怒りの葡萄』、レマルクの『西部戦線異状なし』などだった。ドストエフスキーも読んだと思うが、『罪と罰』だったか『白痴』だったか、覚えていない。

『赤と黒』はよくわからなかった。貧しい家庭に生まれたジュリアン・ソレルが、上流階級の婦人と恋仲になり（つまり不倫だ）、でもそれがバレて、宗教界に入り、貴族の娘と恋に落ちるというような話だったと思う。かなりあいまいな記憶なのは、14歳のときにいちど読んだきり、そのあと読み返していないからだ。なんだか昼下がりのテレビでやっているメロドラマみたいな話だなと思ったのを覚えている。あきらかに14歳で読むのは無理があった。

強い印象があったのは『怒りの葡萄』だ。大恐慌時代のアメリカの農夫の一家の話だ。作物が全然とれなくて、でも食べていかなきゃならないから、広い国土を横切るようにして流れていく。スタインベックは少年少女向けの文学全集で『赤毛の子馬』を読んだことがあったけれども、『怒りの葡萄』の迫力に圧倒された。『赤と黒』も、『怒りの葡萄』も、『西部戦線異状なし』も、ぼくに理解できたのは全体の1割か2割ぐらいだったと思う。でも、厚い大人向けの海外文学、それも立派な全集に入っている名作を読み通すことができたということは、ぼくにとって大変な自信になった。なにしろ何度もいうようにぼくはさえない14歳だった。自分がさえないことを自覚している14歳だった。自分にはなにひとつ自慢できるものがないと思っていたけれども、「本をたくさん読んでいる」、それも「大人向けの世界の名作を読んでいる」というのは胸を張れることだと思った。

両親はそんなぼくになにもいわなかった。振り返ってみて、ありがたいことだと思う。毎週、病院の帰りにどんな本を買ってきても、両親はなにもいわなかった。「そんな本を買ってくるなんて」と文句をいうこともなかったし、「そんな作家はくだらない」とか「もっとましな本を読め」ということもなかった。「本なんか読んでないで、ちゃんと勉強しなさい」といわれたこともなかった。

父も母も、本というものに敬意をはらう人だった。すごく読書家というわけではなかったけれども、ときどき本を読んでいた。

そういえば、父は自分でつくった書見台をつかっていた。厚めの雑誌を丸めてガムテープでとめたもので、寝床でうつぶせになって本を読むとき、父はこの自作書見台に本を載せていた。

父の本棚から文学全集を引っ張り出してきて読むことについても、両親はなにもいわなかった。「お前には早すぎる」ともいわなかったし、「意味がわかるのか?」と聞くこともなかった。読んだあとで感想を聞かれることもなかった。

本を読んだら、学校の成績はいくぶんよくなる

ぼくは本ばかり読んでいて、学校の勉強はあまりしなかった。それでも成績は下が

らなかった。中学3年生になって高校受験を意識しなければならなくなると、各科目の受験問題集だけはやるようになった。ただし、国語は勉強しなかった。本をたくさん読んでいるから、わざわざ勉強する必要はないと思っていたのだ。

本を読んだら頭がよくなるというのはあまり信用できない話だ。ぼく自身、こんなに本を読んできたのに、ちっとも頭がよくなった気がしない。でも、本を読まなかったら、もっとバカだったかもしれない。

頭がよくなるかどうかはべつとして、学校の成績はいくぶんよくなると思う。というのは、勉強ができない、授業についていけないという中学生や高校生は、じつは頭が悪いのではなくて、試験の問題の文章をちゃんと理解できていないことが多いからだ。国語の試験に限らない。理科でも数学でも社会でも、試験の問題の意味がわからなければ正解もわからない。もちろん英語だってそうだ。

本をたくさん読んでいると、文章を読んで内容を把握する力は自然とついてくる。長い文章や、漢字だらけで真っ黒に見えるような文章、難解な言葉だらけの文章でも、ビビることなく読めるようになる。

でも、逆にいうと、読書の効用はそれだけかもしれない。数学の成績を伸ばすためには数学の勉強をしなきゃいけないし、理科の成績を伸ばすには理科の勉強をしなきゃいけない。本を読んでも足は速くならないし、本を読んだだけで泳げるようにはならない。

もしも14歳のぼくが本を読んでいなかったらどうだろう。花粉症の治療のために病院に通うことがなかったら、バスの乗り換えのために本屋さんで時間をつぶすことがなかったら……ぼくはまったく違う人間になっていただろう。

第3章
本が君を見つける

おもしろい本に出会うには

つまらない本は読みたくない。いくら「ためになるから」とか「いいことが書いてあるから」といわれても、つまらない本を読むのはいやだ。退屈な本を読むぐらいなら、昼寝していたほうがいい。読むのが苦痛な本もある。そんな本を読むより、外を散歩していたほうがましだ。たとえ雨が降っていたり、ものすごく暑くても。

読みたいのはおもしろい本だ。読んでいて楽しくなる本。ハラハラドキドキする本。ページをめくるときわくわくするような本。笑える本。悲しくなって泣けてくる本。勇気がわいてくる本。「へえーっ」とびっくりして、友だちに「ねえ、こういうこと知ってる?」と教えたくなるようなことが書いてある本。

そういう本に出会うにはどうすればいいか。

おもしろい本に出会うのはむずかしい。ぼくはいつも探しているけれども、なかなか出会えない。だけどひとつだけ確かなことがある。おもしろい本に出会うためには、本があるところに行かなきゃならないということだ。「おもしろい本が来ないかなあ」と考えながら腕組みしていても、天井裏から本が降ってくることはない。まあ、もしかしたら親戚に気前のいいおじさんやおばさんがいて、「入学おめでとう」とか「進学のお祝いに」といって本をプレゼントしてくれるなんてことがあるかもしれない。でも、大人がくれる本って、たいていつまらない。

どんなところに本があるだろう。まず思いつくのは本屋さんや図書館だ。本屋さんといってもいろいろある。図書館だって、じつはそれぞれ違っている。

どんな本屋さんに行くか

本屋さんに行ったことはあるだろうか。

日本のなかには自宅の近くに本屋さんも図書館もないという地域が少なくない。平成の大合併で市町村の数が大幅に減るまで地方自治体の数は３０００ぐらいあった。その当時で１０００ぐらいの町村には本屋さんがなかった。その後、大合併で自治体の数は１８００弱（特別区も含める）になった。つまり町や村が合併して広くなったわけだ。数字の上では本屋さんのない町村は少なくなったけれども、それは本屋さんのない町村が本屋さんのある市や町村と合併したからで、もともと本屋さんがなかったところに新しく本屋さんができたっていうわけじゃない。

ぼくはある大人向けの読書講座の講師もしている。あるとき「2つの本屋さんを観察して、レポートを書いてください」という課題を出した。すると講義のあとで受講者のひとりが近づいてきて「あの、相談があるのですが」といわれた。その人の家からいちばん近い本屋さんまで30キロ。クルマだと1時間ぐらいかかる。そしてもう1軒の本屋さんに行くには、さらに20キロ、クルマを走らせなければならないという。「どうしたらいいでしょう」と彼女は困った顔でいった。ぼくは一瞬考えて「もう1軒はインターネット上にあるネット書店でもいいですよ」と答えた。

だからたとえば、歩いていける距離に本屋さんがあるとか、ちょっと自転車やバスに乗れば本屋さんに行けるという環境にいる人は、とてもラッキーだ。大きな街に住んでいる人は、自分がラッキーだなんて考えないかもしれないけど。

本屋さんにもいろいろある。いつも同じ本屋さんに行く人が、「世の中にはたくさん本屋さんがあるけれども、どれも同じだ」と思っているのと、「この本屋さんはいろいろある本屋さんのなかの1軒だ」と知っているのとではずいぶん違う。

そして、どんな本屋さんに行くかで、本との出会い方も変わってくる。もし「本屋さんなんてつまんないなあ」と思っているなら、まだ行ったことのない別の本屋さんを覗いてみるといい。

新刊書店と古書店

本屋さんの分類にはいろんなやり方がある。大きさとか、特徴とか。本以外にどんなものを売っているかとか。

ぼくの分類は、まず新刊の本だけを売っている本屋さんと、古本を売っている古本屋さんだ。どっちも本を売っているんだけど、ずいぶん違う。新刊の本だけを売っている本屋さんを新刊書店、古本を売っている本屋さんを古書店というい い方をすることもある。

新刊の本というのは、出版社から出て、本屋さんが出版社や問屋さんから仕入れて売っている本。まだ誰も読んでいない本だ。ぼくが新刊書店で買った本にとって、ぼくは初めての読者になる。古本屋さん、古書店で売っているのは、いちど誰かが買って古本屋さんに売った本だ。その人が、読んだかどうかはわからない。ぼくも、買ったけどいちども読まなかった本を、古本屋さんに売ることがよくある。古本屋さんで買う本にとって、ぼくは2人目（もしかしたら3人目、4人目かもしれない）の読者（あるいは所有者）ということになる。

新刊書店と古書店の違いはそれだけだ。新刊書店の本は新しくて古書店の本は古い、とは限らない。新刊書店に並んでいるその本は3年前に出た本で、古書店にある別の本は1週間前に出たばかりということだってある。

新刊書店にもいろいろある。まず大きさ。いまのところ日本でいちばん大きな書店は、大阪の茶屋町《ちゃやまち》にあるMARUZEN&ジュンク堂書店だ。売場は7000平米、2060坪もある。大阪以外の人にちょっと場所を説明すると、JRの大阪駅、阪急や阪神の梅田駅の近くにある。広い店内に木の本棚がたくさん並んでいる。ぼくは本屋さんの本棚の前をゆっくり歩くのが大好きなのだけど、この茶屋町のMARUZEN&ジュンク堂に初めて行ったときは、歩いても歩いても本棚が果てしなく続いているようで、不思議な感じがした。

MARUZEN&ジュンク堂ほどではなくても、大きな本屋さんがあちこちにできている。でもこれはわりと最近のことだ。だいたい1990年代のなかごろから。東京・池袋にあるジュンク堂書店が、それまでの1000坪から2000坪へと売場を広げたのが2000年ごろ。もしこの本を読んでいる人が14歳だとすれば、ちょうどはいはいをしているころか。

こうした1000坪を超える本屋さんを、ぼくはメガストアとかメガ書店と呼んでいる。

サイズも品ぞろえもいろいろ

メガ書店のいいところは、とにかくなんでもあること。本っていうのは、すごくたくさんつくられる本もあれば、ほんの少ししかつくられない本もある。テレビなんかで話題になるのは、何十万部、何百万部と売れたベストセラーだ（本の数え方にはいろいろあって、バラバラの本を数えるときは1冊、2冊。同じ本がたくさんあるときは2部、3部。冊数や部数じゃなくて種類をいうときは1点、2点。あと同じシリーズだと1巻、2巻と数えたりする。複雑なので、ぼくもときどき間違える）。テレビドラマの原作になるとたくさん売れるし、有名な人が書いた本もよく売れる。でも、それとは逆に、3000部とか2000部とか、ときには1000部ぐらいしかつくられない本もある。日本にどのくらい本屋さん（新刊書店）があるか。だいたい1万5000軒ぐらいだ。つまり3000部の本は、仮に1軒の本屋さんに1冊ずつ入荷したとしても、3000軒の本屋さんにしか並ばない。残りの1万2000軒の本屋さんには入らない。それは1軒に1冊ずつという仮定だから、もしも5冊ずつとか10

冊ずつだったら、もっともっと少ない本屋さんにしか並ばない。メガ書店では、そういう発行部数の少ない、どちらかというとマイナーな本も売っている。

どんな本か。たとえば専門家が読む本だ。何十巻もある厚いお経の本がずらりと並んでいたりする。ぼくもパラパラと立ち読みしてみたけれど、漢字ばっかりでなにが書いてあるのかさっぱりわからない。「誰が買うんですか？」とお店の人に聞いてみたら、仏教を研究している人や、お坊さんが買うのだと教えてくれた。

昆虫に関する本でも、料理の本でも、とにかくいろんな本がメガ書店には詰まっている。

「じゃあ、メガ書店だけあればいいじゃないか」と思う人もいるかもしれない。でもメガ書店はいいところばかりじゃない。まず広すぎて疲れてしまう。本がありすぎて、どの本がおもしろそうなのかわからなくなってくる。ぼくはよくぎっくり腰になるのだけれど、杖をつきながらメガ書店にいくのはつらい。自宅近くの小さな本屋さんなら、ぱっと見回しただけでどこにどんな本があるのかすぐわかる。

外見は似たような本屋さんでも、本棚を見ると少しずつ違っているのがわかる。たとえばビジネス街のなかにある本屋さんはビジネスに関する本が多い。小説も経済小説などが目立つ。郊外の住宅街近くにある本屋さんは、女性ファッション誌がたくさんあって、料理の本や節約術の本などがある。小説も恋愛小説。また、同じように住宅街が近くても、時代小説や歴史小説の文庫がたくさんある本屋さんもある。本屋さんはみんなその立地に適した品ぞろえをするようにしている。住んでいる人が違えば、本屋さんの棚も違っている。

大きさで分類すると、小さな街の本屋さんから巨大なメガ書店まで、いろんなサイズの本屋さんがある。

絵本の専門店に行ってみよう

総合書店と専門書店という分け方もできる。総合書店というのは、雑誌もコミックも文庫も文芸書も専門書も、あらゆるジャンルの本を売っている書店だ。メガ書店も商店街の小さな本屋さんも、どちらも総合書店という意味では同じ。それに対して専門書店というのは、特定のジャンルに絞った本屋さんだ。あまり規模は大きくないけれども、そのジャンルについての本なら、かなりディープなところまでそろっている。ある専門書店の店長さんは、「ないものはない」と胸を張る。「ないものはない」というのは、得意とするジャンルの本で置いていないものは「ない」という意味と、それ以外のジャンルの本は置いてい「ない」という意味だ。

専門書店でわりと多いのが絵本・児童書の専門書店。北海道から沖縄まで、全国各地の、ちょっと大きな街にはたいていある。といっても、小さなお店が多いし、街のまんなかにあるとは限らない。その街にいる人も気がつかないことが多い。幼稚園の先生とか、小学校の先生に聞いてみるといいかもしれない。近所の本屋さんに「この街に絵本の専門店はありますか」と聞くのもいい。ライバル店のことを聞くなんて失礼じゃないかと心配するかもしれないけど、本屋さんどうしは仲がいい。それに違うタイプの本屋さんは競争関係にないから、喜んで教えてくれるはずだ。

ぼくは毎年2月、東京大学法学部の学生15人ぐらいと一緒に、東京都内の本屋さんめぐりをしている。名づけて「ブックトリップ」。毎年違うコースをまわるのだけど、必ず1軒は絵本・児童書の専門店を入れるようにしている。絵本の専門店に入ると、学生たちの目が輝く。『ぐりとぐら』や『ちいさいおうち』などを手にとって「なつかしいなあ。子どものころ大好きだったんですよ」なんて話している。

本屋さんではいままで見たことのない初めての本に出会うだけでなく、ずっと前に読んですっかりその存在を忘れていた本に再び会うことができる。同じ絵本でも、4歳のときに読んだ印象と14歳で読む印象はまったく違うはずだ。絵本・児童書の専門店ではそんな再会もある。

それと、誰かにプレゼントするのに絵本はなかなかいいと思う。好きな女の子／男の子に絵本をプレゼントしてみる。好きな子だけじゃなくて、たとえばおじいちゃんやおばあちゃんも喜んでくれる。ぼくが大学で教えた学生のひとりは、認知症になってしまったおばあちゃんに、絵本を読んであげるそうだ。そうすると、ふだんはいろんなことがわからなくなってぼんやりしているおばあちゃんが、笑ったり声を出したりとても元気になるという。

専門店もいろいろ

絵本・児童書以外にも専門の本屋さんがいろいろある。美術書の専門店にはいろんな画集や写真集がある。ぼくは大学生のころから美術書の専門店に行くのが好きで、せっせと立ち読みに通った。美術書は大きくて厚くて立派だから値段も高い。貧乏な学生にはめったに買えなかった。それでも本屋さんはちっともいやな顔をしなかった。そしてある日、その店の社長から「君は本と美術が好きなようだね。そんなに好きなら、この店で働いてみないか」と声をかけられた。それでぼくは大学を卒業する前に、その本屋さんに入社した。ぼくが入社した会社は、日本の本じゃなくて海外で出た本を輸入して販売していた。英語やフランス語やドイツ語やイタリア語やスペイン語で書かれた本だ。画集や写真集のいいところは、言葉がわからなくても絵や写真はわかるということ。

美術書の専門店のなかには、美術館のミュージアムショップをかねているところもある。たいていの美術館は展覧会を見るのに入場料がかかるけれども、ミュージアムショップは無料で入れる。画集や写真集を眺めるためにミュージアムショップに行くのもいいと思う。

そのほか、建築やデザインについての専門書店もあるし、旅についての専門書店もある。マンガの専門書店も。東京の池袋には、マンガやアニメの専門書店がたくさん集まった一角がある。クルマとオートバイの本の専門書店や料理の本の専門書店もある。クルマとオートバイの本の専門書店には、世界中のクルマの写真集が並んでいる。フェラーリやランボルギーニ、ベントレーなど、世界の名車の美しい写真がたくさんある。ぼくはときどき立ち読みしてうっとりする。フェラーリやベントレーを所有することは一生ないだろうけど、写真集はいつかほしいと思っている。

こんなふうに、一口に新刊書店といってもいろいろある。

古書店はもっといろいろ

古書店は新刊書店以上に1軒1軒が違っている。なにしろ古本は「これを仕入れたい」と思って仕入れられるわけじゃない。お客さんが本を売りにきて、それではじめて仕入ができる。もちろんそれだけじゃなくて、市と呼ばれる、古書店どうしが本を売り買いする場所があって、そこで仕入れることも多い。でもそれだって、市に売りに出ている本しか仕入れられない。だけど不思議なもので、そういう不自由さがあるのに、古書店の本棚はなんとなくひとつの統一感がある。東京の神保町や早稲田にはたくさんの古書店が集まっている。とくに神保町は160軒もの古書店が集まっていて世界一の古書店街といわれている。そんなにたくさん集まっているのに、1軒1軒の品ぞろえがまったく違う。そしてそれぞれの古書店に得意分野がある。日本の近代文学が得意な古書店、古典文学が得意な古書店、歴史が得意な古書店、音楽が得意な古書店、映画が得意な古書店。いろんな古書店がある。

古書店にあるのは「本」だけじゃない。たとえば浮世絵など絵もある。それから断簡といって、古い本の一部だけ（つまり紙切れだ）もある。ぼくも古いお経の一部を買ったことがある。それから、有名な作家の原稿や手紙も売っている。短冊とか色紙も。1000年ぐらい前の巻物が売られていることもある。ぼくが見たときは、1500万円（!）の値段がついていた。

古書店で本を買うコツ

古書店にもいろいろあるけど、読者のみなさんにいちばんなじみがあるのはブックオフのような古書店だろう。コンビニのように明るくて広い店内。いつもBGMが鳴っていて、店員さんが「いらっしゃいませー」と大きな声で挨拶している。本だけじゃなくてCDやゲームソフト、DVDなども売っている。

ブックオフは古書店のなかでは新しい存在だ。神奈川県の相模原市に第1号店ができたのが1990年。それからどんどんお店の数が増えた。ブックオフができたことで、古本のイメージがずいぶん変わった。それまでは古書店というと、本好きのなかでも特別に本が好きな人だけが行くところというイメージだった。ぼくも生まれて初めて古書店に入るときはかなり緊張した。本を買うときもレジのおじいさんに「こんなくだらない本を買っている」とばかにされるんじゃないかとビクビクしていた。みえをはって、わざわざむずかしい本について質問したり。その後、古書店の人と話すようになって、そんな心配や気後れは無用だとわかった。「どんな本をお買いになっても、ばかにしたり笑ったりすることは絶対ありません。だって私たちはその本を売っているんですよ」とある老舗《しにせ》古書店の若旦那にいわれた。たしかにそれはそうだ。自分が売っている本を買ったお客さんをばかにするお店があるわけない。でも、それくらい昔の古書店は入りにくかった。それがブックオフの登場で変わった。

ブックオフもそうだけど、古書店で買物するにはちょっとしたコツがある。まずはいちばん安い棚をチェックする。たとえばブックオフの場合、お店に並べて一定期間を過ぎると、自動的に税込み108円になる。その本が特別汚れているとか、破れているとか、そういうんじゃない。たまたまお店に並べているあいだに、その本を買いたいという人があらわれなかったというだけだ。それがある日突然、108円になる。店内を注意深く見ると、別の棚では700円とか800円とかってついているのに、同じ本が108円になっていることもある。108円の棚はたいへんお買い得なのだ。だからブックオフに行ったら、まず108円の棚をよく見て、それから半額の棚に移動するというのが正しい。

ブックオフじゃない古書店でも同じだ。たいていの古書店はお店の前に1冊100

円の棚や箱がある。店のなかの本は1冊1冊値段が違うのに、この箱の本は100円均一だ。ダイソーみたい。なかには1冊50円とか、何冊でも100円とか、スーパー・ウルトラ級にお得な箱を出している古書店もある。ときどきこういう箱のなかに宝物が隠れていることがある。もうとっくに絶版になっていて、新刊書店では手に入れられない珍しい本だ。そういう本が缶コーヒーよりも安く売られているなんて驚きだ。

「遊ぶ本屋」もある

本以外のものを売る本屋さんもたくさんある。ひとつのパターンはTSUTAYA。DVDやCDのレンタル、販売をしている。ひとつのお店のなかに本を売っているところもある。ときには映画のDVDと原作本を一緒に並べていたりもする。

もうひとつのパターンはヴィレッジヴァンガードだ。本と一緒にCDやTシャツやお菓子やおもちゃなどを売っている。キャッチコピーは「遊ぶ本屋」。「遊ぶ本屋」というのは二重の意味があって、ひとつはお客さんが遊べる本屋という意味だ。笑っちゃうようなおもちゃや、「世界一まずいコーラ」とか書いてある飲み物が売られていて、呆《あき》れてしまう。本やグッズを置いてある台もビリヤード台や卓球台だし、冷蔵庫を本棚にしているお店もある。本物の自動車や軽飛行機まで売っていたお店もある。にぎやかなものに囲まれて、お客さんは楽しくなる。買物に来たんじゃなくて、遊びにきたような気持ちになる。

「遊ぶ本屋」のもうひとつの意味は、お店のスタッフが遊んでいるということ。といっても、ちゃんと働いているんだけどね。働いているけど、楽しく働いている。ヴィレッジヴァンガードの本やCDやグッズには、黄色い紙に手書きされた説明文みたいなのがついている。これがみんなヒネリがきいていておかしい。こういうのを遊び気分で書くのがスタッフのしごとだ。

ヴィレッジヴァンガードが登場してから、本屋さんのかたちが少しずつ変わった。大阪にはヴィレッジヴァンガードとは少し方向が違うグッズ類を一緒に置いているスタンダードブックストアがあるし、京都のFUTABA+（ふたばプラス）も文具や雑貨と本を一緒に扱っている。

商店街の小さな本屋さんも、都心にある巨大なメガストアも、ヴィレッジヴァンガードもTSUTAYAも、ブックオフも古書店も、みんな本屋さんだ。

本は探さなくてもいい

では、本屋さんで本に出会うにはどうすればいいか。それはなにも考えないことだ。「なにかないかな」なんて考えない。「おもしろい本を探そう」なんていうふうにも考えない。ただひたすら本屋さんの本棚を眺める。できるだけぼんやり眺める。すると、本が向こうからやってくる。君が本を見つけるのじゃなくて、本が君を見つけてくれる。これはぼくオリジナルの言葉じゃなくて、作家の角田光代さんから教わったんだけどね。

たぶんこういうことだと思う。ぼくらはいつもいろんなことを考えている。たとえばすてきな自転車がほしいな、とか。で、本屋さんに行ったときも、心の奥のほうに「すてきな自転車がほしいな」という気持ちがそのまま残っているんだと思う。それで、なにも考えていないはずなのに、そして本屋さんには何千冊、何万冊という本があるのに、その前を歩いていると自転車に関係のある本がぼくらの目に飛び込んでくる。それは自転車の乗り方についての本かもしれないし（どうやったら速く走れるか）、自転車の改造のしかたの本かもしれない。自転車レーサーの自伝かもしれないし、自転車競技を題材にした小説かもしれない。すてきな自転車がほしいなと思っていたら、自転車選手を主人公にした小説が目にとまり、それを読むことになるかもしれない。そして、そういう本が、きっとぼくが求めていた本なんだと思う。

本は探さなくてもいい。向こうから見つけてくれる。

図書館で「利用者」になる

ぼくは本屋さんや古本屋さんだけでなく図書館もよく利用する。本屋さんと図書館のいちばんの違いは、本屋さんには新しい本しかないということだ。本屋さんにも2年前、3年前に出た本があることはあるし、文庫や新書は長く売り続けられている本が多いけど、圧倒的に多いのは最近出た本だ。雑誌も最新号しかない。これは流通の事情にも原因があって、半年以上前に出た本はちょっと置きにくいしくみになっている。それが図書館に行くと、何年も前に出た本が本棚に並んでいるし、雑誌もバックナンバーが1年分ぐらいある。同じように本がたくさんある場所だけど、本屋さんと図書館とでは性格も役割もずいぶん違う。買うところが本屋さんで、借りるところが図書館というわけじゃない。

この20年ぐらいのあいだに、市立や町立など公共図書館の数は1・5倍ぐらいになった。図書館の利用時間も長くなったし、休館日も減った。たいていの図書館には検索端末があって、どんな本があるのか調べられる。学校にも図書館や図書室がある。

　図書館は慣れるまでちょっと使いにくい。本の並び方も本屋さんとは違う。本屋さんのように、表紙を上にして積み上げている台はない（あの台を「平台《ひらだい》」といい、平台に本を積んで陳列することを「平積《ひらづ》み」という。表紙を見せて立てかけるのは「面《めん》陳《ちん》」）。なんだか倉庫みたいだ。

　本屋さんのようにBGMもないし、司書さんたちは「いらっしゃいませ」なんて声をかけてくれない。「お客さん」じゃなくて「利用者」というし、利用者はみんな静かに本を探し、閲覧コーナーで静かに本を読んでいる。たまにおしゃべりする人がいると、「静かにしてください」と注意される。

　ぼくもはじめのころはすごく緊張した。みんなが自分を見ているんじゃないかと思った。でも何回か通ううちに慣れた。誰もぼくのことなんか気にしていないし、本のページをめくったり鉛筆を落っことしたり、少しぐらいなら音を立てても大丈夫だ。

3か月で達人気分

図書館のいいところは、個人ではなかなか買えない本を無料で借りられることだとぼくは思っている。税金を払っているわけだから、ほんとうは無料というわけじゃないんだけど。お小遣いで買えそうな文庫や、ブックオフで探せば105円で買えそうな本を、わざわざ図書館で借りることはない（借りちゃダメってわけじゃないけど）。

図書館に行ったら、まず本棚と本棚（図書館では「書架《しょか》」という）の間をゆっくりと歩いてまわる。本の背表紙をぼんやりと眺めながら歩く。このとき、自分が好きな分野や関心のある分野じゃないところも、まんべんなく見ていくのが、おもしろい本に出会うためのコツだ。人間は気をつけないとどんどん関心の分野が狭まってくる。狭まることによって、深く、正確になっていくというい点もあるけれども、それ以外の分野が見えなくなってしまう欠点もある。できるだけたくさんのものが目に入ってくるように自分でトレーニングしたい。そのためにも図書館はうってつけだ。

まずは気になった本を手当たりしだい借りてみよう。おっと、その前に図書館の利用者カードをつくらなきゃならない。身分証明証（学生なら学生証や生徒手帳。社会人なら運転免許証や保険証など）があれば、すぐつくれる。利用者カードはいつも持ち歩こう。

図書館で借りる本は、いちいち吟味《ぎんみ》しなくていい。背表紙を見て、「おっ」とか「へえ」とか思ったら借りてみる。借りて家でじっくり眺める。おもしろそうだったら読むし、つまらなかったらやめる。たとえば毎週日曜日に図書館に行って、5冊ずつ借りたとする。前の週に借りた5冊を返して、別の5冊を借りる、ということを繰り返す。1か月4週間で20冊借りたことになる。半年で120冊。1年で240冊。だいたい3か月ぐらいこれを続けると、もう図書館の達人になった気分になってくる。そして本を借りたときの「当たり」＝おもしろい本に出会う確率も高くなる。

お金のかからない読書

本屋さんや図書館に行かなくても、本を手に入れることはできる。たとえば両親やおじいちゃんおばあちゃんの本棚を覗いてみる。親が読んだ本なんてダサいと思うかもしれない。でもちょっとは興味があるだろう？　その人が持っている本を見れば、その人のことが少しわかる。ぼくも父の本や母の本を読んだとき、ちょっと意外な気がした。「へえ、こんな本を読んでいたんだ」って。

最近の教育熱心な親は、できるだけ子どもに本を読ませようとするし、そのためには親自身も本を読んでなきゃいけないと知っているから、たいていの親は自分の本と本棚を持っている。親がいないとき、こっそり借りて読んでみよう。

でもすべての親が本を読むとは限らないし本棚のない家もある。だからといってがっかりすることはない。

ほかにもお金のかからない読書の方法はある。

たとえば資源ごみの回収の日、ちょっと早起きして町内を散歩してみよう。けっこう本や雑誌が捨てられているものだ。誰かが捨てたものを拾うのには抵抗があるかもしれない。きちんとひもでしばって集積所に出してある資源ごみをぐちゃぐちゃにして散乱させたら叱《しか》られる。それなりのマナーに気をつけなきゃいけないけど、捨てられた本を見るのは、赤の他人の内面を覗き見るようでスリルがある。

パソコンを持っていて、インターネットにつながる環境にあるなら、青空文庫がオススメだ。青空文庫はインターネットの図書館。著作権の保護期間が終わった本や、著作権を持っている人が了解した本が無料公開されている。ボランティアの人たちが入力し、同じくボランティアの人たちが校正（間違いがないかチェックすること）している。夏目漱石や森鷗外をはじめ、宮沢賢治や太宰治も青空文庫で読める。もしスマートフォンやiPadを持っているなら、専用のアプリを入手するといい。アプリは有料だけど500円ぐらいで買えるし、このアプリがあれば、日本の名作をいつでもどこでも読める。ぼくはふだん、電車を待っているときとか、待ち合わせしている相手がなかなか来ないときなんかに、iPhoneで青空文庫を読んでいる。ニンテンドーDSやPSPでも読めると思うから調べてごらん。

最近はフリーペーパーも増えた。持ち帰り自由の無料の雑誌だ。無料だけど中身は濃い。どうしてタダで雑誌を配れるのか不思議に思うかもしれない。民放のテレビと同じだと考えればいい。つまり広告料で成り立っている。企業が商品やサービスの宣伝をしたいと思う、でも広告だけだと人はなかなか手に取ろうとしない。そこでおもしろい記事を載せた雑誌をつくり、ところどころに広告を載せる。だからフリーペーパーはタダだけど、その広告を出している企業の商品代金に含まれているともいえる。

本はどこにでもある。その気になればいつでも読める。でも、注意深く、そしていつも心を開いていないと、おもしろい本には出会えない。

第4章

本を手なずける

本は大切にしたい

ぼくが子どものころ読んでいた絵本には、そで（カバーの折り返し部分）に本の扱い方が書かれていた。

本を投げてはいけない。本を折ったり破いたりしてはいけない。本を開いたまま伏せてはいけない。本を踏んづけてはいけない。本を読む前には手を洗おう。他にもあったかもしれない（本で人をぶってはいけない、とか）。もしかしたら、無意識のうちにぼくが付け加えたものもあるかもしれない。

ぼくが子どもだった50年ぐらい前、本はいまよりもうんと大切にされていた。本だけじゃなくて、どんなものでも大切に使う人が多かった。同じものを繰り返し使ったし、直せるものは修理して使い続けた。靴下のつま先やかかとに穴があいたら、針と糸でつくろった。スニーカーのすりへったかかとをうめる、チューブ入りのパテのようなものが売られていた。新しいものに買い替えるのは、古いものをもう修理できないほど使い切ったときだけだった。

壊れていないのに新しいものに買い替えるようになったのは、ワープロやパソコンが普及したころからだと思う。機械が進歩するスピードは、機械が壊れるスピードよりもうんと速い。時代遅れの機械を使い続けていると、世の中の流れから取り残されたような気分になる。パソコンでもデジタルカメラでも携帯電話でも、まだ使えるのに買い替えることに後ろめたさがなくなった。

それでもまだ、本は特別だという気持ちは世の中に残っている。本をゴミとして捨ててしまうのには抵抗感がある。読み終えた本を捨てずに、古本屋に売りに行くのは、その本をほかの誰かが読んでくれるかもしれないと思うからだ。

本は大切にしたい。でも大切に扱うやり方には、いろいろある。本棚にしまっておくのもいいけれども、違うつきあい方もある。

本を持ち歩く

かばんのなかに、いつも本をいれておく。うすい文庫本がいいだろう。大きくて重い本をいれておけば、筋肉トレーニングになるかもしれないけど、かばんのなかに他のものがあまりはいらなくなってしまう。

かばんのなかにいれてある本は読まなくてもいい。読まないけれど、いつも持ち歩く。ほかにすることがなくて、退屈で退屈でどうしようもないときに、この本を取り出して読む。最初から読まなくてもいい。前回読んだ続きから読まなくてもいい。適当なところを開いて、ちょっとだけ読んで、またかばんにいれる。

毎日持ち歩いていると、本のあちこちがいたんでくる。表紙の角がすりへったり、ページが折れたりする。それでも持ち歩く。

本屋さんにある新品の本はどれも同じだけど、君のかばんのなかで毎日君と一緒だった本は、世界中でただ1冊だけだ。

本をバラバラにして持ち歩く

厚い本を持ち歩きたいこともある。でも荷物が重くなるのはいやだ。そんなとき、とてもいい方法がある。本をバラバラにするのだ。ぼくはときどきやっている。600ページの本は重い。そして、1日に600ページも読むことはない。だったら、本の一部だけを持ち歩けばいい。たとえば600ページの本を半分にすれば、300ページだ。100ページずつ6冊にすればもっと軽くなる。ページ数じゃなくて、章とか部とかでわけてもいい。

1冊の本を2冊にわけるのは簡単だ。まんなかをカッターで切るだけでいい。そのほうが気分的にはすっきりする。まんなかじゃなくて、ちょうど章が終わるところで切ってもいい。

カバーを外して、本体にカッターを入れる。ページを開いて、奥にカッターの刃を差し入れ、上から下へと切る。このとき、あまり力を入れすぎないように。カッターの刃が思わぬ方向に動いて、手を切ってしまうかもしれないからだ。力まかせに、いちどに切ろうとせず、あまり力を入れずに何度もカッターを動かす。何度かやっていると切れる。

本を切るのには勇気がいる。なんだかとんでもなく悪いことをしているんじゃないかという気分になる。本に申しわけないような気もする。本を書いた人にも悪いような気がする。

だけどそんなことはない。厚くて重いからという理由で読まれないよりも、それを半分にして持ち歩いて読んでくれたほうが、本の著者は喜ぶ。少なくともぼくは、自分の本をバラバラにしてまで持ち歩いて読んでくれる人がいたら、すごくうれしい。

本をバラバラにすると困ることがひとつある。それはいちばん端のページがむき出しになるから、かばんのなかで折れたり破れたりしやすくなることだ。本の表紙が、たんに装飾のためじゃなく、本の中身を守っているということを痛感する。

バラバラにした本は、読み終わったら、背のところを布のガムテープで貼っておく。木工ボンドを厚めに塗って、クラフト紙のような丈夫な紙を貼ってもいい。ガムテープでいいのかと心配になる人もいるかもしれない。意外と平気だ。ガムテープで貼って、外しておいたカバーをかけると、ほとんどもとどおりの状態になる。

本にカバーをつける

本屋さんで本を買うと、カバーをつけてくれる。たぶん日本独特の習慣だ。本屋さんによってカバーのデザインが違う。有名なデザイナーやイラストレーターに依頼している本屋さんもある。何種類ものなかからお客が自由に選べる本屋さんもある。本屋さんのカバーを集めている人もいるし、コレクターの団体もある。

本屋さんのカバーじゃなくて、自分でつくったカバーをかけてみよう。材料は紙でも布でもいい。きれいな包装紙や、新聞の折り込み広告でつくる。好きな雑誌のページを切り取ってもいい。大きさが足りなければ、糊《のり》やテープでつぎ足す。

カバーに本の題名や著者の名前を書く。文字は自分でデザインしてみよう。雑誌や

※あまり力は入れないで切る

チラシから気に入った文字を切り抜いて貼ってもいい。

このとき、本当の題名を書かなくてもいい。架空の題名や作家の名前を書くのはどうだろう。たとえば「夏目漱石著　坊っちゃん」を、「千円札おやじ著　暴れん坊先生、見参！」とかね。

カバーを丈夫な布や革でつくれば、いろんな本にかけて使える。

本に絵を描く

表紙に絵を描いてみよう。鉛筆やボールペンでちょこちょこっと描くのではなくて、もっと大胆に描こう。太いマーカーや不透明水彩絵具を使って本に描く。内容に合わせた絵でなくてもいい。好きな絵を描く。もともとある表紙の絵や写真に描き足すつもりで描く。もともとある絵や写真を塗りつぶすように描く。どんなふうに描いたっていい。それは君の本なのだから。

本を測ってみよう

本の身体測定だ。用意するのは定規かメジャー。

本の縦と横の長さを測る。本には硬い表紙がついた上製本《じょうせい》（ハードカバーともいう）と、柔らかい表紙の並製本《なみせい》（ソフトカバー、ペーパーバックともいう）がある。並製本は表紙の大きさと、なかのページの大きさが同じだ。上製本は表紙のほうがなかのページよりほんの少し大きい。上製本を身体測定するときは、表紙だけでなくかのページの大きさも測ってみよう。

本の厚さを測る。これは表紙も含めた厚さと、中身だけの厚さとの両方を測る。厚さを測って、ページ数の半分で割ると、1枚（2ページ）あたりの厚さがわかる。本によって、1枚の紙の厚さはずいぶん違う。絵本なんかは厚くて、国語辞典や英和辞典は薄い。単行本は厚くて、文庫は薄い。でも、例外もたくさんある。

計算のついでに、本の値段をページ数で割ってみよう。1ページあたりの値段がわかる。これをページ単価という。同じ値段の本でも、ページ単価は違うかもしれない。

1ページに何文字印刷されているか数えてみよう。といっても1文字ずつ数える必要はない。1行の文字数と、1ページに何行あるかを数える。1行の字数と1ページの行数をかけると、1ページに最大何文字入るかがわかる。章の始まりなどでページのまんなかへんから始まっていたり、小見出しや写真やイラストがあるときは要注意だ。

さっき計算したページ単価と、1ページ当たりの字数を比べると、なにかわかるかもしれない。

本の背を観察しよう。上製本と並製本ではずいぶん違っている。上製本には小さな布が背と本文ページとの間にある。はなぎれ（花布）という布だ。これは糸でかがって本をつくっていた昔の名残。ぼくははなぎれを見るのが大好きで、本屋さんで本を買うときは必ずここをチェックする。本によっていろんな色のはなぎれがある。ネット書店でははなぎれまでチェックできないのが残念だ。

ハードカバーの本には、背が丸くなっている本と平たい本とがある。丸いのを丸背、平たいのを角背という。丸背の本は、背の反対側（小口という）も丸くカーブを描くようになっている。ほかにも違いがいろいろあるかもしれない。

本にはしおりのひもが入っている本がある。このひもをスピンという。本によってはスピンが2本あるものもある。

文庫はたいていスピンがない。でも、新潮文庫にはスピンがある。同じ新潮社から出ていても、新潮新書や新潮選書にはスピンがついていない。

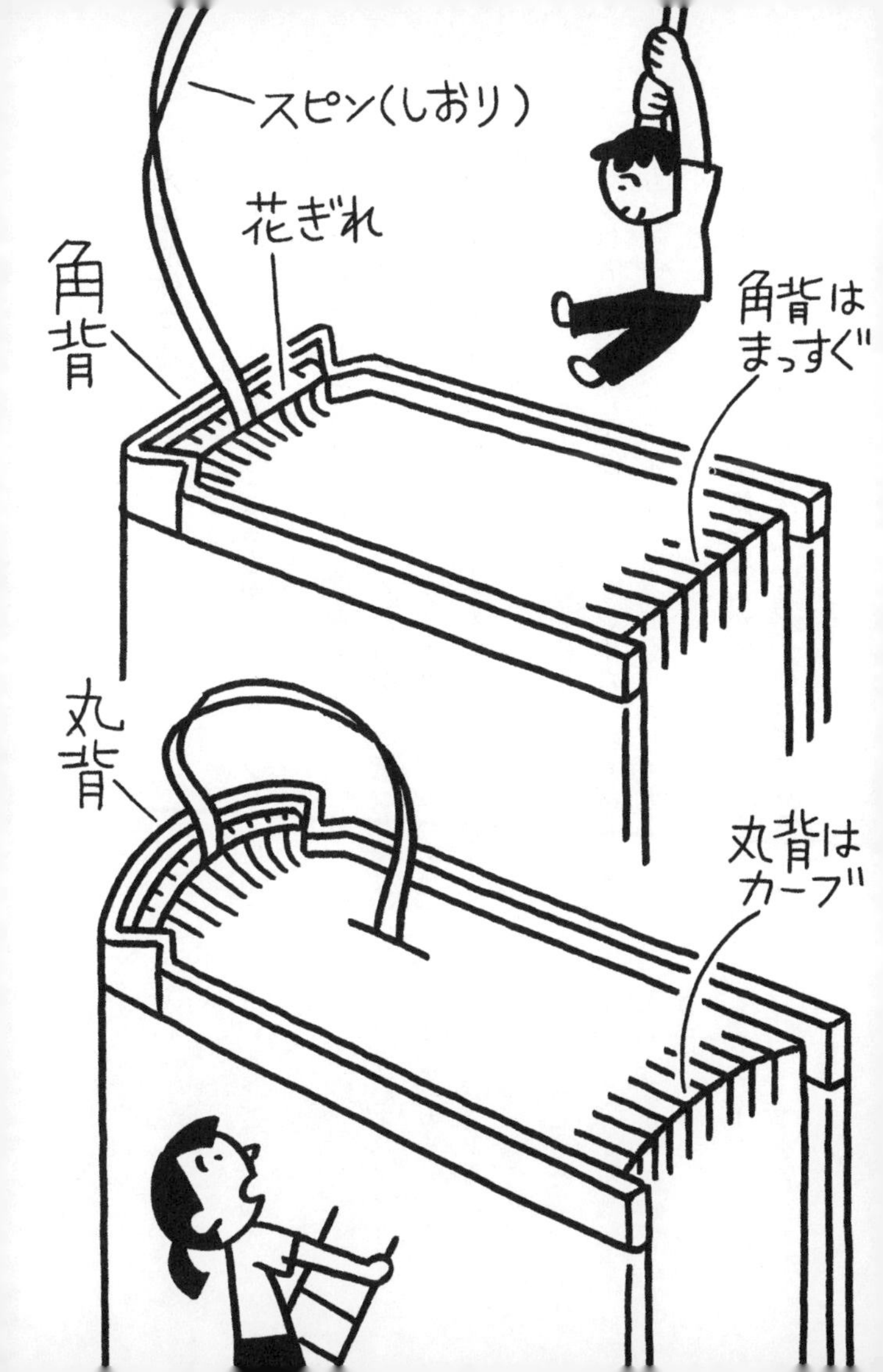

スピン（しおり）
花ぎれ
角背
角背はまっすぐ
丸背
丸背はカーブ

本を解体する

本をバラバラにしたことはあるかな。本をバラバラにするといろいろなことがわかる。

まずは並製の本をバラバラにしてみよう。

本のカバーをとる。ふつう、ぼくたちが「表紙」と呼んでいるのがカバー。アメリカではカバー、イギリスではジャケットという。カバーは本来、表紙を汚れから守るためにある。だからダストカバーともいう。ダストは埃《ほこり》やチリのこと。ほんとうの表紙はこのカバーの下にある。

カバーを外すと、その本の本来の姿になる。カバーをとったらみすぼらしくなるのは、編集者があまり気を配っていない本だ。注意深くつくられた本は、カバーをとってもかっこいい。たとえ少ない予算でも、デザイナーや編集者が工夫してかっこよくつくっている。

本によってはカバーの裏側になにか印刷してあるものもある。ミステリーだと、謎解きのヒントが隠されていたり。カバーの裏まで見る人はあまりいない。本を買った

並製本の解体
接着剤の層

ら、まずカバーを外してみよう。

いよいよ本体の解体。表紙をはがす。表紙が本体とどんなふうについているかをよく見る。たいていの並製本は接着剤で表紙を貼り付けてある。これをゆっくりとはがす。あわてるときれいにとれない。あせらずに少しずつはがしていく。

表紙をはがした後の本体をよく見てみよう。背のところには接着剤が厚い層になっているだろう。1ミリ以上はありそうだ。まだ新しい本だと、接着剤に弾力性が残っている。ガムかなにかみたい。この接着剤の層をはがしてみよう。手でははがれないので、カッターナイフなどで少しずつ削っていく。カッターの刃は長く出しすぎると折れるので注意が必要だ。

接着剤をはがすと、本体の背が見える。背に模様が入っていることがある。本をつくるとき、16ページぶんとか32ページぶんとかをひとまとまりにして、それを並べてとじて1冊の本にする。並べる順番を間違えると大変だ。32ページの次が33ページじゃなくて65ページがきたりする。小説だとストーリーがめちゃくちゃになる。そこで、並べるとき間違えないように背中に印をつける。印のある場所はまとまりごとに違っていて、正しく並べると斜め一直線になったり山型になったりと、模様ができるようになっている。模様が乱れていると、ページがちゃんと並んでいないということ。そ

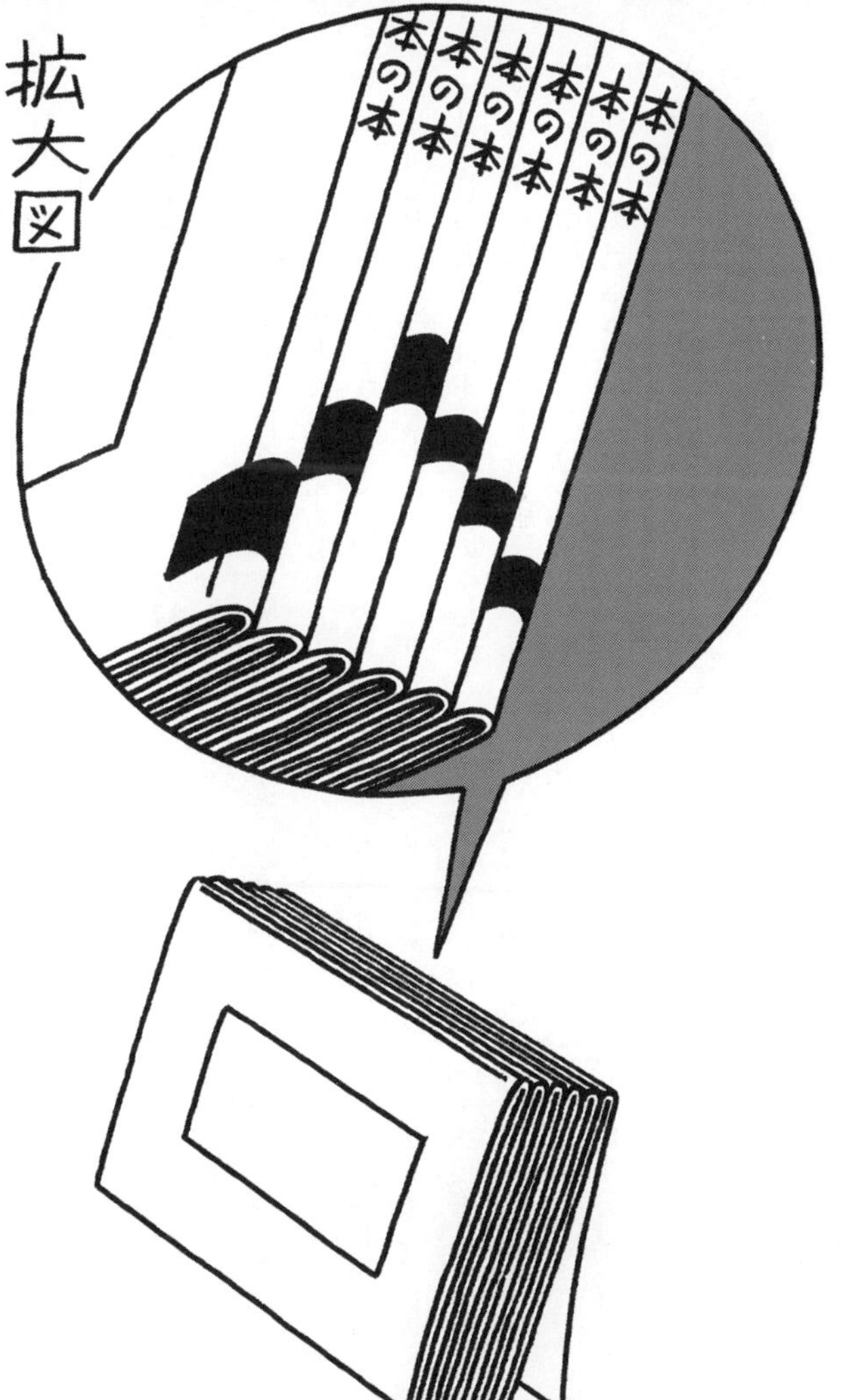
拡大図
本の本
本の本
本の本
本の本
本の本
本の本

の他、本のタイトルが印刷されていることもある。

スピン（しおりひも）がどんなふうに固定されているかも観察しよう。

上製本（ハードカバー）の解体

本の解体は文庫や新書などの並製本より、かたい表紙がついた上製本のほうがおもしろい。部品が多く、構造も複雑だからだ。

表紙が本体にどうやってくっついているかをよく見てほしい。表紙の裏側には本体と同じ大きさの、でも本文ページよりも厚い紙が貼ってある。この紙を見返しという。見返しの大きさは本文ページの2倍。ちょうど本文を開いたのと同じ大きさだ。見返しの半分は表紙の裏側に貼られている。そして、もう半分のうちページの背に近いほう（ノドという）が、5ミリぐらいの幅で本体に糊付けされているはずだ。そう、表紙はこの見返しだけで本体（本文）とつながっている。見返しの表紙側半分は全体を糊付けされているけれども、本体（本文）側はわずか5ミリ幅の糊だけ。

見返しの紙をゆっくりはがそう。表紙側はべったりと全面を貼ってあるから、そう簡単じゃないと思うけど。

上製本の解体
見返し
スピン(しおり)
花ぎれ
寒冷紗
クータ

ゆっくりはがすと、布のようなものが出てくる。ちょっと目の粗《あら》いガーゼのような布だ。寒冷紗《かんれいしゃ》という。本体を補強する役割を持った麻の布だ。

寒冷紗の外側にクラフト紙の帯が貼ってある（ついていない本もある）。クータという。背表紙と本体をくっつけつつ、ページを開きやすくしている部品だ。

そして本体の上下にはなぎれ。表紙をはがしてみると、はなぎれの長さは1センチぐらいしかない。いまは装飾的な意味しかないことがわかる。

はなぎれを外すと、スピン（しおりひも）が貼ってあるところがわかる。

はがした表紙をさらに解体する。見返しをはがすとボール紙が出てくる。ボール紙を紙や布が包んでいる。

本体のほうを観察する。背に糊がついている。でも並製本の糊よりは薄い。糊をゆっくりはがすと、模様が出てくる。並製本にもあった、本文を何ページ分かでグループにして、そのグループがちゃんと並んでいることが一目でわかるようにするための模様だ。

グループは糸でかがられていることもあれば、糊だけでついていることもある。辞書や写真集、料理のレシピ本などは糸でかがられている。糸でかがるのはそのほうが丈夫だから。何度でも開いて見られるように、180度に開いてもページがはずれたりしないように。

解体した本をもとにもどす

本を解体して観察したらどうするか。そのままゴミ箱行き？　資源ゴミに出す？　それじゃあ、あまりにももったいない。バラバラにした本をもとにもどそう。

用意するのは、木工ボンドと糊、見返しにする紙、表紙にする紙、薄い布。

まずは本文ページをそろえる。きちんとそろえたら、動かないように上下を板ではさみ、ひもでしばって固定する。太い輪ゴムでもいい。薄い本なら大きめのクリップでもとめられる。そろえた本文ページの背に木工ボンドを塗る。

木工ボンドが乾くのを待つあいだに、表紙をつくろう。まずはもとの表紙の芯《しん》になっていたボール紙を取り出す。見返しや表紙をはがしたとき、まだらになっているところがあったら、カッターの刃を使ってていねいに取る。全体が平らで滑《なめ》らかになるようにする。

次に、ボール紙を表紙にする紙で包む。包み方は、さっきはがしたのと同じようにやればいい。どんな紙でもいい。お菓子の包装紙でも雑誌の好きなページでも。このとき注意するのは、糊のつけ方。できるだけ薄く塗る。気泡が入らないように注意深く表紙を貼る。

本体の木工ボンドが乾いたら、寒冷紗を貼る。もし解体したときに寒冷紗をぼろぼろにしてしまっていたら、かわりに薄い布を貼る。布はできるだけ薄いものを。薄い布がなかったら紙でもいい。はなぎれやスピンも忘れずに貼る。

最後に見返し。さっき解体したときに見たように、本体と表紙をつないでいるのは見返しだ。しかも見返しは目立つ。表紙に負けないくらいきれいな紙を使いたい。表紙とどんな組み合わせにするか、センスが問われる。似た色にしてもいいし、逆に対照的な色でもおもしろい。たとえば表紙が濃いグリーンで、見返しが鮮やかな赤とか。

見返しはまず紙を半分に折る。そして半分に折った山の部分の片側に幅5ミリぐらいで糊をつける。この糊をつけた部分が本体の最初のページの背側につく。縦書きの本なら右側だ。後ろの見返しも同じように貼る。

いよいよ本体と表紙の接着。見返しの表紙につく側に薄く糊を塗る。そして本を閉じるように表紙に貼る。あわてず、ゆっくりと。気泡ができないように、まんなかからそっとなでるようにくっつける。

表紙を貼り終わってもすぐに開いてはいけない。糊が完全に乾くまで待つ。このと

本の修復
木の板で挟んで固定
ボンド
ボンド
寒冷紗を貼る
のり
見返しに糊を塗る

き、本に重しを載せておくといい。

丸1日たったら、重しを外して本を開いてみよう。もし糊がはみ出てページがくっついてしまっていたら、ゆっくり慎重にはがす。

こうして解体した本が復活した。しかも世界で唯一の本になった。

同じやり方で、たとえば文庫本をハードカバーの本にすることもできる。用意するのは表紙に貼る紙と見返しに貼る紙、芯にするボール紙だ。文庫本はすでに製本されていて丈夫だから、寒冷紗やクータはいらない。

文庫本の表紙をはがし、かわりに自分でつくった表紙を取りつける。このとき注意するのは表紙の大きさだ。上製本（ハードカバー）は本体よりも表紙のほうが2ミリぐらい大きいことを忘れずに。

第5章

本を読むにはコツがある

本の読み方に決まりはない。どんなふうに読んでもいい。1ページ目から順番に読まなくてもいいし、最後まで読み通す必要もない。途中から読みはじめて、途中でやめてもいい。偶数ページだけ読むとか、1行おきに読むとか、「　」（かぎかっこ）のなかだけ読むとか、カタカナだけ読むとか、そんな読み方があってもいい。本は好きなように読めばいい。これまでと違う読み方をすると、本の楽しみが広がる。

登場人物の名前を覚える

外国の小説は苦手だという人がいる。人名がいけないらしい。カタカナの名前がたくさん出てくると混乱してくる。誰が誰だったかわからなくなる。いちいち前のほうにもどって、どういう人物だったか確認しなければならない。だから海外文学は苦手だという。

哲学者の鷲田清一さんに海外文学を読むコツを教えてもらった。まず登場人物の名前を覚えることだという。そのとき鷲田さんは、ドストエフスキーの小説に出てくる人物の名前をすらすらといった。学生のころ読んだのだという。学生のころに暗記した登場人物の名前が、40年たってもすぐ出てくる。

翻訳ミステリーなどでは、カバーそでや目次の前後などに主要登場人物のリストが載っているものがある。名前と簡単なプロフィールが書いてある。あれを自前でつくるといい。A6ぐらいのメモ用紙（文庫の大きさだ。A4のコピー用紙を半分に折り、さらに半分に折るとA6になる）に登場人物の名前を書いていく。名前とプロフィール。たとえば「○○○……私立探偵」なんていうふうに。新しい人物が登場するたびに、名前を加えていく。プロフィールも必要があれば書き加える。「○○○……私立探偵。ビルから墜《お》ちて死ぬ」とか。

この紙をしおりがわりにして、いつも本にはさんでおく。ノートだとこうはいかない。小さなメモ用紙がいちばんいい。

メモ用紙はA6の大きさに切らなくてもいい。A4の用紙をそのまま2回折ればたくさん書ける。A6だと文庫本と同じ大きさで、本のあいだにはさむとちょっとはみ出てしまう。それが気になるならB5のコピー用紙を2回折ってB7にしてはさむ。

登場人物リストはノンフィクションや評論を読むときも役に立つ。リストに書いておくのは人名だけに限らない。地名や店の名前、曲の名前でもいいし、専門用語でもいい。

リストをもとに人物相関図をつくると楽しい。作者のたくらみやしかけが見えてくることもある。

速く読む

うんと速く読む。たとえば秒速1ページ。絵本や写真集ならともかく、文字がびっしり詰まった本を1文字ずつ秒速1ページで読むのは不可能だ。でも、絵本や写真集のようにならら読める。っていうか、見られる。

やり方は簡単だ。

まず本を開く（本を開かずに読めたらいいなと思い、ずっと前から練習している。でもいくら練習しても、本を開かないと読めない。まだまだ修行が足りない……）。右のページを1秒眺める。次に、左のページを1秒眺める。ページをめくる。また右のページを1秒眺める。左のページを1秒眺める。ページをめくる。これを繰り返す。メトロノームがあったら1分60拍にセットする。メトロノームがコチコチいう音に合わせて右ページ、左ページ、右ページ、左ページと見ていく。自分がカメラになったつもりで、シャッタースピード1秒で写真を撮るように見る。

1分で60ページ進む。3分で180ページ。薄めの本ならこれくらい。300ページの本でも5分。600ページ（かなり厚い本だ）だって10分でいける。

1ページ1秒だから、文章なんて読めないはずだ。ところが不思議なことに、その本の全体が把握できる……ような気がする。細かいことはわからなくても、目に飛び込んできて印象に残るものがある。

いちど最初から最後まで眺めたら、もう1回第1ページにもどって、また秒速1ページで眺めてみる。さっきよりも、もっとわかってきたような気がする。そこでもう1回。

スピードを変えてもいい。1ページを見る時間をもう少し長くする。3秒ずつ見る。開いたページのなかで、目に焼きつくものがある。ページをめくっていると、繰り返し出てくる言葉（たとえば登場人物の名前や場所など固有名詞）がわかる。

新学期がはじまって、新しい教科書を開くときは、これをやるといい。1年間勉強することの全体が、ぼんやりとではあるけれどもつかめる。「次はなにが出てくるんだろう」とドキドキしながらページをめくるのも楽しいけれども、いちど全体を見渡しておいてから、細かいところをゆっくりと読む楽しみ方もある。

NとZ、一とI

開いた本のページの上に左手を置き、人差し指か中指の先が「N」の字を描くように動かす。1行目が「N」の右の縦の線だ。行のいちばん下までいったら、ページの対角線に（斜め左上に向かって）進む。左上にいったら、こんどは「N」の左の縦の線。最終行を上から下に進む。

手を動かしながら、その人差し指（か中指）の近くの文字を読む。縦の線、つまり1行目と最終行は読める。むずかしいのは斜めの線だ。文章がつながらない。つながらないけど気にしない。なんとなく、ぼんやりとわかる。

慣れてきたら、いちどに読む行数を増やす。縦なら3行ぶんぐらいをいちどに読む。読むというより見るに近い。

もっと慣れたら、手をページの上に置かなくても、視線の移動だけでできるようになる。

縦書きの本は「N」だけど、横書きの本は「Z」になる。縦書きのときと同じように、いちばん上の行は左から右へと読んでいき、行の終わりまできたら、対角線をなぞるように左下に向かう。そして最終行を左から右へ。

手を「N」ではなく「二」に動かすというやり方もある。縦書きの本を真横に読んでいくのだ。1文字ずつではなく、5文字ぐらいをいっぺんに読む。読むというより、視界に入れる。これも最初はページの上に手を置いて、指が示す文字を目で追うようにする。行の上から5文字を読むよりも、行のまんなかよりやや上ぐらいにある5文字を読むようにするといい。5文字だけ読もうと思っていても、上下にあるほかの文字も自然と目に入ってくる。

横書きの本なら「二」ではなくて「I」。行のまんなかよりもやや左を、上から下に読んでいく。横書きのときは5文字よりもう少し多く読めそうだ。

速く読めば、たくさん読める。でも、たくさん読んだからといってえらいというわけじゃない。こういう読み方もある、ということ。

ゆっくり読む

できるだけ時間をかけてゆっくり読む。1文字ずつ読む。読み方がわからない漢字や意味を知らない言葉が出てきたら、辞書を引く。知っている言葉でも、辞書を引いてみる。辞書には思っていたのと違う意味が書いてあったりする。ときには著者が言葉を間違って使っているときもある。

印刷が間違っていることもある。「誤植《ごしょく》」という。「植」という字を使うのは、印刷するとき文字を並べることを「植字《しょくじ》」というからだ。むかし、活版《かっぱん》印刷が主流だったとき、棚に並んだケースから活字をひとつひとつ取り出し（「文選《ぶんせん》」という）、文字を彫ってある面を上にして箱のなかに並べた。この活字をひとつひとつ並べる作業が、植物の種や苗を畑に植える動作を連想させるので、「植字」といったのだろう。間違って「植」えたので「誤植」。「ミスプリント」ともいう。

本をつくるときは、なんどもチェックする。著者や編集者もチェックするし、「校正者」という専門の人もチェックする。それでも誤植はある。しかも、びっくりするような誤植を見逃したり。

最近は作家もコンピュータをつかって原稿を書くことが多い。誤変換がときどきある。ローマ字でキーボードを打って漢字やひらがなに変換するのだけど、自分の意図とは違う文字が出てきても気づかないことがある。手書きの時代は作家が書いた原稿のとおりに植字できているかどうかチェックすればよかったけれども、コンピュータの時代はそうはいかない。作家が書いた原稿が、作家の意図どおりかどうかは、作家にしかわからない。もしかしたら間違いではなくて、わざとなのかもしれない。

世の中には、速く読んだほうがいい本と、ゆっくり読んだほうがいい本とがある。たとえばたいていの詩や短歌や俳句の本は、ゆっくり読んだほうがいい。その言葉の表面だけでなく、裏側にあるものを探るようにして読んでいく。

哲学の本もあまり速く読まないほうがいい。ひとつの文章のなかの、言葉と言葉のつながりを考えながら、ゆっくりと読んでいく。

あんまりゆっくり読むと、前のほうを忘れてしまう。でも、気にしない。忘れるのは忘れてもいいことだから。必要になったら前に戻ってもういちど読めばいい。本はなんどでも読める。

3回読む

いちど読んだだけでは、よくわからない本がある。たくさんある。よくわからない本のほうが多いくらいだ。

いちど読んでわからなくても、あきらめなくていい。何度も繰り返し読めばわかる。繰り返し読んでもわからない本は、まだこちらに読む準備ができていないか、書いた人の書き方が悪いかのどちらかだ。もしかしたら、時間が経てば読めるようになるかもしれない。でも、時間が経っても読めない本もある。

不思議なことに、本は読むたびに印象が変わる。本が変わるわけがない。読むこちらが変わるのだ。

でもこれは旅も同じだ。ある町を訪ねる。はじめておとずれたときの印象と、2度目の印象は少し違っているはずだ。

はじめて読む本は、たとえば小説の場合、ストーリーの展開を知らない。どんなことが起きるのか、主人公はどう行動するのか、はじめて読む人は知らない。はじめておとずれた町の路地裏に、どんな風景があるのか知らないように。

2回目に本を読むとき、すでにストーリーは知っているのに、でもわくわくする気持ちがある。どんなことが起きるのかは知っている。主人公がどう行動するかも知っている。ページをめくり、読み進めると、前に読んだときと同じように展開する。すでに知っているからつまらないか？　逆だ。知っているとおりの展開になると、快感を感じる。しかも、ハラハラ、どきどきする場面では、はじめて読んだときと同じように、ハラハラ、どきどきする。

しかも、2回読むと、はじめて読んだときは気づかなかったことがあれこれ見えてくる。はじめて読んだときは、ストーリーを追うのに夢中で、文章の細かなところにまでは注意が向かなかった。2回目に読むときは、ストーリーはすでに知っているから、通いなれた道を歩くように、安心していられる。道を間違える心配はない。そのぶん心に余裕ができて、道沿いにある家の庭の木に花が咲いたことや、電線に鳥が止まっていることや、猫がゆっくり散歩していることなどが見えてくる。作者の言葉づかい、文字の選び方、風景の描写などもじっくり味わえる。

2度読んだはずなのに、3度目になると、また印象が変わってくる。こんどは疑問が出てくる。主人公はどうしてこんなふうに判断したんだろう。主人公の選択に間違いはなかったのか。もしもほかの選択をしていたら？

自分のなかでもうひとつの本をつくるように、3回目の読書をする。本を読みながら、別の本を考えている。ひとつの本から別の新しい本が生まれる。

ちょっとだけ読む

本は最初から最後まで読めばいいというものではない。途中から読んで、途中で終わってもいい。

パラパラとめくって、おもしろそうなところだけ集中して読む。前後関係がわからなくなる？　そういうこともあるだろう。でもいいじゃないか。読んだところがおもしろければそれでいい。

途中でやめると、その後の展開が気になる。主人公はこれからどうなっちゃうんだろうと思う。気になるけど、読むのはちょっとだけにしておく。

ちょっとだけ読むのはどのへんがいいか。本のなかで、いちばんいいところが詰まっているのは、最初の部分だ。たいていの人は最初から順番に読んでいくから、著者も編集者も最初のところにはとても力を入れる。何度も書き直して、最高のものにしようとする。本屋さんでいうと、入口ちかくの本棚のようなものだ。急いでいる人は、そこしか見ないかもしれない。そのとき「この本屋さんはおもしろそうだ」と思ってもらわなければならない。それと同じように、本の著者や編集者は、たとえば本屋さんでその本を手にとって読みはじめたとき、「この本はおもしろそうだ。この先も読みたい」と思って買ってくれるかどうかが重要だ。いちばん最初のところに力を入れる。

最初はおもしろいけど、まんなかへんはつまらないという本はたくさんある。逆に、最初はつまらないけど、あとになるとだんだんおもしろくなる本はめったにない。最初がつまらない本は、まんなかへんも終わりのほうもつまらない。

だから、ちょっとだけ本を読むときも、いちばん最初の部分だけ読めばいい。だけど、それだけじゃスリルもなにもない。おもしろいか、つまらないか、わからないから楽しいのに。

だからまず本の適当なところをぱっと広げる。まんなかへんでもいいし、うしろのほうでもいい。そして読みはじめる。誰が主人公なのかもわからないし、状況設定もわからない。わからなくても人物の心理描写や情景描写は容赦《ようしゃ》なく進む。途中から読みはじめる人への内容紹介なんてない。「どういう人間関係なんだろう」「この前にどんなことが起きたんだろう」と、いろいろ想像しながら読む。

テレビドラマや映画を途中から見るのと似ている。ストーリーがどうなっているのか、登場人物たちの人間関係はどうなっているのか、途中から見るとよくわからない。よくわからないけれど、だいたいのことは読んでいるとわかってくる。

おもしろい映画は途中から見てもおもしろいし、おもしろい本も途中から読んでもおもしろい。

ちょっとだけ読むときは30ページぐらいでやめる。この先も読みたいなあと思うぐらいでちょうどいい。後ろ髪ひかれるような気持ちでやめて、あとは想像してみる。

でも我慢することはない。どうしても気になってしかたなかったら、続きを読めばいい。読書は修行じゃないんだから。

1冊の本をちょっとずつとびとびに読んでもいい。たとえば70ページ目から90ページ目までを読んで、つぎは125ページから140ページまで読み、そのつぎは180ページから200ページまでなんていうふうに。70ページ目では主人公だと思っていた登場人物が130ページあたりで死んでしまって、190ページでまったく知らない登場人物が重要な動きをするかもしれない。読まなかったページでなにが起こったのか、すごく気になる。

ときどき本を閉じて考える

本を読んでいるときだけが読書ではない。本を閉じて、本のことを考えるのも読書だ。

ときどき本を閉じて、できれば目も閉じて、さっきまで読んでいた本のことを考える。おもしろかったシーンを思い出したり、これからどうなるのだろうと予想してみたり。もし自分が主人公だったらどうするだろうかとか。

本のいいところは、本を閉じても本の世界が続いていることだ。本を読むのは本がなければ読めないし、明るさも必要だし、なにかをしながらというのはちょっとむずかしい。たとえば歩きながら本を読んでいる人をたまに見かけるけれども、ほかの人にぶつかったりして危ない。人ならちょっと痛い思いをする程度ですむかもしれないけど、自動車だったら大変だ。料理をつくりながら本を読むのはむずかしいし、ジョギングしながらというのもちょっと無理（アメリカではオーディオブックがけっこう一般化していて、自動車を運転しながらとか、ジョギングしながら、本を読む＝聞く人が増えているそうだ）。

本は読めない環境でも、本のことを考えることはできる。そして、考えることで本のおもしろさは何倍にも広がる。

200ページの本をノンストップで読み通すことはできる。4時間ぐらいあれば可能だろう。でも著者が何か月も、ときには何年もかけて書いた本を、たった4時間で読み終わってしまうのはもったいない。また、何年もかけて書いたものを、わずか4時間でほんとうにわかるだろうか、という気もする。

4時間をノンストップにするのではなく、30分ずつに小分けにしてみる。30分読んだら、本を閉じて別のことをする。別のことをしながら、さっきまで読んでいた本のことを考える。することがなかったら、散歩でもいい。ジョギングでもいい。部屋の掃除なんかもいい。

掃除というのは考えごとに向いている。掃除機をゆっくり使いながら（掃除機がよくホコリを吸い込むためには、速く動かしてはだめだ）本のことを考える。洗濯やアイロンがけもいい。アイロンがけのコツは、洗濯物が生乾《なまがわ》きのうちにすること。繊維《せんい》が水分を吸って伸びているときにアイロンをかける。

30分おきに本を閉じて考えると、もうひとついいことがある。それは目が休まるのだ。目は疲れても、休息さえ与えれば、ちゃんと回復する。身体のほかの部分と同じだ。ところが疲労がたまりすぎて休息が少なすぎると、回復することができなくなる。そうなるとピントを調整する力が弱くなって近視になってしまう。疲労回復にいちばんいいのは、目を閉じてじっとしていることではなくて、いろんな距離にあるものを見ること。掃除をしたりアイロンをかけたり散歩をしたりすれば、自然と目の筋肉は緊張がほぐれる。

付せんを貼る

本を読んでいて、気になる文章が出てきたら付せんを貼る。付せんというのは、「ポストイット」などの商品名で売られている紙片だ。片面の一部に糊がついていて、どこにでも貼ることができる。しかも付せんのすばらしいところは、簡単にはがせること。はがしたあとに糊が残ることもない。だから気兼《きが》ねすることなくどんどん貼れる。

付せんはどんなところに貼ってもいい。

重要だと思ったところ。

感動したところ。

笑えたところ。

著者が間違っていると思ったところ。

意味がわからなかったところ。

そのほか、なんでもいいからどんどん貼る。

付せんは文房具店に売っている。色も大きさもたくさん種類がある。目印にするだけなら小さなサイズのものでいい。重要だと思ったところは赤、感動したところは青、笑えるところは黄色……と色分けしてもいい。でも、あまり細かくルールを決めると、付せんを貼るのがめんどうになってしまう。本を読む場所が自分の勉強部屋ならいいけれども、リビングや電車のなかや公園のベンチや図書館や学校の教室だったら、何種類もの付せんをいつも持ち歩くのは大変だ。だから無理せず、1種類だけでいい。

たいていの付せんは鉛筆やボールペンで書き込める。これを利用して、少し大きめの付せんを使って、なにか書き込む。感動したところには「!」とか、疑問に思ったら「?」とか、笑えたら「＊」とか。自分だけの記号をつくって付せんに書き込む。

付せんがいいのは、図書館で借りた本や友だちから借りた本でも貼ることができることだ。使い終わったらはがせばいい。たとえば感動したところは、あとでノートに書き写しておけば、本を図書館や友だちに返したあとでも手もとに残る。

学校の課題などで感想文を書くときは、この付せんが大活躍する。付せんを貼ったところについて書けばいいからだ。どんなところに感動したのか、どんなところに笑ったのか、ところどころ引用を交えて書けば、読書感想文は完璧だ。

線を引く

本を読みながら線を引く。ただし、図書館の本や友だちから借りた本に線を引いてはいけない。ときどき図書館の本に線や書き込みがあるのを見るとがっかりする。図書館の本は公共のもの、みんなのものだ。絶対にやってはいけない。

どこに線を引くか。付せんと同じで、重要だと思ったところや感動したところ、疑問に思ったところに線を引く。付せんだとそのページのだいたいのところしかわからないけど、線ならばページのどの文章なのか、文章のどの部分なのかが細かくわかる。

線を引くのは文章じゃなくてもいい。ひとつの単語に線を引く。たとえば小説を読んでいて、主人公じゃないけれども重要な役割を果たす人物が出てきたとする。仮に「A太郎」とする。小説のなかで「A太郎」という3文字が出てきたら必ず線を引く。すると小説を読み終わって見返すと、「A太郎」のいったことややったことが浮き上がってくる。「A太郎」は主人公じゃないけれども、「A太郎」を中心にしたもうひとつの物語が、引いた線のなかから生まれてくる。

出てくる地名に線を引く。するとその小説のなかで土地の名前が持っている力みたいなものが見えてくる。それが現実にある地名なら、地図で見てみよう。小説の登場人物がどんな土地に生きているのかが見えてくる。都会なのか、農村なのか。内陸なのか、海辺なのか。都会でも、たとえば東京や大阪のような大都市なら、下町か山の手かという違いもある。

自動車の名前、洋服のブランド、料理の名前、ミュージシャンの名前。小説にはいろんな固有名詞が登場する。その固有名詞に線を引く。するとページのなかから固有名詞が浮かびあがってきて、登場人物の個性や作家の好みが見えてくる。

エッセイや評論文を読むときは、繰り返し何度も出てくる言葉に線を引く。漢字何文字かの単語が多いけれども、ひらがなやカタカナの場合もある。名詞とは限らない。形容詞や動詞でもいい。繰り返し使われる言葉は、たいていその本の著者が重要だと考えている言葉で、その評論文のテーマになっていることが多い。もちろん肯定的な意味で使っているとは限らない。なにかを批判し、否定するために使うかもしれない。

線を引くなら、柔らかい芯の鉛筆がいい。それも、あまり先の尖っていない鉛筆だ。2Bぐらいの鉛筆。あまり力を入れずに線を引く。線は1本じゃなくてもいい。2本、3本と引いてもいい。線じゃなくて点でもいい。線の種類を使い分けてもいい。笑えたところは1本線。感動したところは2本線。重要だと思ったところは3本線。傍線ではなく、文章を囲むというやり方もある。固有名詞などは、そのほうが目立つ。

蛍光マーカーを使ってもいい。教科書や参考書に線を引くとき使うマーカーだ。ただし、鉛筆の線は消しゴムで消せるけど、マーカーの線は消えない。

線を引いた本をしばらく経ってから読み返す。1か月後に読み返す。半年後に読み返す。1年後に読み返す。6年後……いま14歳なら、6年後には20歳になっている……読み返したら、どんなふうに感じるだろうか。6年後の20歳の君が、いま14歳の君に再会できる。もしかしたら、いま引いた1本の線が、人生の方向を決めるなにかになっているかもしれない。

しるしをつける

紙の本のいいところは、なんでも書き込めることだ。本のページには上下左右に余白がある。意外と大きな余白だ。

余白になにか書いてみる。おもしろいページには☆印。退屈なページには＊印。あとで☆の数と＊の数を集計してみる。☆や＊のような単純なしるしじゃなくて、木とか貝とか雲とか。

絵が得意なら、余白に絵を描く。あるイラストレーターは、そのとき持っている本の余白にスケッチをするといっていた。彼は電車のなかで見かけた気になる人のイラストを描いていて、写真を撮るのは失礼だしいろいろ問題もあるので、読んでいる本のページに鉛筆でスケッチする。

もちろん読んでいるその本に関係のある絵を描いてもいい。小説のシーンを想像して絵に描く。主人公の顔を描く。

自分の気持ちを絵にする。笑っている顔、泣いている顔、怒っている顔。顔じゃなくても、たとえば手の表情とか。

本を読んでいるときの、外の天気を書き込んでもいい。

印刷が発明される前、手書きだった時代の本は、ページのまわりに模様を描いたものが多かった。額縁《がくぶち》のように模様があり、そのなかに文章がある。印刷がはじまった初めのころは、手書きの本を模倣《もほう》していたから、やはり額縁のような模様があった。やがて印刷技術やデザインが洗練されてくると、額縁の模様はなくなり、なにもない余白になった。だから余白に絵を描くのは、ちっともおかしなことじゃない。

本を読みながら、いろんなことを考える。いろんな疑問が出てくる。それは本の内容に直接関係のないことかもしれない。関係なくても、余白に書いておく。このページを読んでいるとき、こんな疑問がわいてきた、と書いておく。あとでその疑問について調べる。

ページの角を折る

付せんも鉛筆もないときどうするか。ページの角を折る。もちろん図書館の本や友だちから借りた本でやってはいけない。

英語では犬の耳（dog ear）という。耳がたれた犬を連想させるからだ。発音が似ているdog year（ドッグイヤー）は、ＩＴの世界の進歩の速さをいう言葉。犬は1年で人間にすると約6年分の年をとる。

犬の耳は付せんよりも鉛筆よりも簡単だ。なにもいらない。読んでいて、重要だと思う文章が出てきたり、感動したり疑問に思ったりしたら、ページの隅《すみ》を折っておく。折ったページは探すのも簡単だ。線を引いたり書き込んだりしたページは、本全体をパラパラめくらないと見つけられない。

でも犬の耳が増えすぎると、本がふくらんでしまって、本棚に入りにくくなる。とりあえず隅を折っておいて、あとからゆっくり付せんを貼ったり傍線を引いたり書き写したりして、折ったところをもとにもどしておけば、本がふくらむことはない。でも、いちど折った痕跡はずっと残る。

折った痕跡についてどう考えるか。本を傷めてしまった、本が汚くなってしまった、とネガティブにとらえるか。それとも、本を読んだ証拠、自分がどこに感動したり疑問をもったりしたかという記憶だとポジティブにとらえるか。

線を引いたりページを折ったりした本は、古本屋に売るとき査定がうんと安くなる。買い取ってもらえないこともある。じゃあ、のちのち古本屋に売ることを考えて、できるだけ汚さないように読むか。線を引いたり書き込んだりするのではなく、付せんを貼るだけにするか。

本を徹底的に味わいつくすなら、古本屋での査定額なんて気にせず、どんどん線を引いたり書き込んだりすべきだ。本に残った読書の痕跡は、2度目、3度目にその本を読むとき、重要な道しるべとなる。

声に出して読む

人が黙って本を読む（黙読《もくどく》という）ようになったのは、わりと最近のことだ。昔は声に出して読んだ。それどころか、黙読はいけないことだと思われていた。黙って読んでいると、他人からはなにを読んでいるのかわからない。悪い本を読んでいるかもしれない。悪いことを考えているかもしれない。だから黙読はいけないことだった。やがて印刷が発明され、大量に本がつくられるようになった。本を読む人も多くなった。読んだり考えたりする心のなかまで人に公開しなくてもいいと考えるようになった。プライバシーという考え方が出てくる。21世紀になって、ブログやツイッターやフェイスブックで、読んだり考えたりする心のなかを公開したいと思う人が多くなったのは、皮肉なことのように思える。

黙読がいけないことだったのはヨーロッパの中世の話だけど、日本でも50年ぐらい前は声に出さないと読めない人たちがいた。お年寄りがぶつぶつと声に出しながら新聞を読んでいるのを見た記憶がある。あの人たちにとって、「読む」という行為は、声を出して読むことだったのだろう。

黙読には2種類あって、ひとつは頭のなかで音読する読み方。のどから声を出してはいないけれども、頭のなかでは声を出している。唇《くちびる》が動いている人もいる。ほとんど音読と同じだ。エア音読といっていいかもしれない。音読と同じなので、読むスピードは遅い。遅いけれども、頭によく入ってくる。

もうひとつの黙読は、頭のなかでいちいち文字を音声に変換することなく文字からダイレクトに意味を取っていく読み方。スピードは速い。この読み方ができるようになるには、ある程度の経験が必要だ。

といっても、意識的にトレーニングしなくても、大量に本を読むうちに、自然とエア音読ではない黙読になっていく。本をたくさん読む人の本を読むスピードが速いのはこのためだ。速読法など特殊な技術を訓練しなくても、本を読むスピードは速くなる。

ところが文字からダイレクトに意味を取るようになると、ときどき「目が字面《じづら》だけ追う」という状態になる。視線は文字の上を動いているのだけれども、ちゃんと意味はとらえていない。内容が頭に入っていない。

内容が頭に入らないのなら本を読む必要はない……とは思わないけれども（「速く読む」のところでも書いたように、視線が追うだけでも頭に入ってくるものはある）、ちゃんとじっくり読みたい本もある。

そこで、声を出す。

声を出すといっても、いろんなやり方がある。小さな声でボソボソと読む。大きな声ではっきりと読む。放送局のアナウンサーのように読む。いろいろな方言のイントネーションで読む。情感をこめて読む。

鴨長明の『方丈記』にしても、清少納言の『枕草子』にしても、紫式部の『源氏物語』にしても、彼らは平安京に住んでいたわけだから、使っていたのは京都弁だろう。現代の京都弁とはいろいろ違うところがあるだろうが、標準語や東京の言葉よりも関西弁のほうが近いのではないか。だとすると、『方丈記』や『枕草子』や『源氏物語』はできるだけ関西弁のイントネーションで朗読するのが、よりオリジナルに近いかもしれない。

宮沢賢治なら東北弁のイントネーションで。太宰治も暮らしていたのは東京だけど、出身は東北だから東北なまりが残っていたかもしれない。

でも、必ずしも作者の使っていた言葉だけがホンモノでほかはニセモノというわけではない。書かれた本はどんなふうに読んでもいい。北海道出身で福岡在住の作家の言葉を茨城のイントネーションで読んでもいい。

高校生のころ、同じクラスにいた女性は、授業で先生に当てられて本を読むとき、情感をたっぷりこめる人だった。たしか役者志望で、劇団の養成所に入りたいといっていた。役者志望はいいけれども、高校の国語の授業で情感たっぷりに、とくに会話部分は新劇のセリフ回しのような抑揚をつけて朗読されると、クラスのみんなはどんな反応をしていいのかわからなくて困った。笑うわけにはいかない。本人は真剣なんだから。かといって「ブラボー！」と喝采《かっさい》をおくるのもなんだか。恥ずかしいようなむず痒《がゆ》いような、なんとも居心地の悪い気分になった。

でもひとりだったら、どんなに情感をこめて読んでも平気だ。誰も笑わない。俳優やアイドルになった気持ちで読んでもいいし、モノマネで読んでもいい。田村正和のモノマネをしている中居正広を想像して読む。桃井かおりのモノマネをする前田敦子を想像して読む。

スピードもいろいろ変えてみる。速く読む。ものすごく速く読む。声に出して速く読める限界に挑戦する。ゆっくり読む。一語一語、確かめるように、できるだけゆっくり読む。昔の和歌はとてもゆっくりと読んだ。正月の宮中歌会始をテレビで見たことがある人は覚えているだろう。あれよりももっとゆっくりだったかもしれない。京都の古い神社では平安時代のお祭りが昔の姿に近いかたちで残っていて、そこではとてもゆっくり和歌を読む。

書き写す

本を書き写す。いまのようにコピー機もスキャナーもなかった時代、人は本を書き写した。みんな貧乏で、本は貴重だった。読みたい本が買えないとき、図書館や人から借りて読んだ。図書館の数はいまよりもうんと少なかったから、大きな町に住んでいる人以外は、人から借りて読むことが多かった。目的の本を持っている友だちがいなかったら、わざわざ持っている人を探して、お願いして本を借りた。借りた本は返さなければならない。大事なところは書き写して手もとに置いた。

コピー機が登場してからも、貧しい学生にとってコピー代は高かった。だから一所懸命書き写した。

書き写すという行為を細かく分析してみよう。書き写すためには、まずその文章を読まなければいけない。1ページの文章を書き写すとき、1回読んだだけで全文を書き写せるという人は少ないだろう。1文ずつだって長すぎる。数文字かせいぜい十数文字ずつ書き写す。そのたびに何度も読む。書いているとき、その字のことが頭のなかにある。そして自分で書いた文字をまた読んでいる。書き写すとき、人は文章を何度も何度も読む。だからコピーしたりスキャンしたりするよりも、頭のなかに文章が入ってくるし、入った文章は忘れにくい。

小学生のころ、漢字の書き取りをした。漢字を書き写し、同じ字を何度も書くことで字を覚える。見るだけ、読むだけでは覚えられないことも、手で書き写すことで覚えられる。文字を手で覚える。身体で覚える。不思議なことに、手で覚えた漢字なのに、いちど覚えてしまうと、手じゃなくても書けるようになる。たとえば土の上につま先で字を書くことだってできる。

好きな文章を書き写す。きれいだなと思った言葉。しゃれているなと思った言い回し。なんだかよくわからないけどかっこいいと感じた言葉。

せっかく書き写すのだから、そこいらへんにある紙ではなくて、ちゃんとしたノートをつくりたい。横罫の大学ノートなら、90度回転させて、縦罫にして縦書きでつかう。

文章を書き写し、著者の名前、本の題名、ページを書いておく。

書き写すのは、好きな文章とは限らない。いやなところを書き写してもいい。なんかやだなと思ったところ、どうしてこんなことをいうんだろうと思ったところ。気に入らないところ。

気に入らないところを書き写していると、発見があるかもしれない。作者がどうしてそんな文章を書いたのかがわかるかもしれない。読んでいるだけでは気づかなかったが、書き写すことで少しだけ作者の気持ちになる。「作者もこんなことを書くのはいやだったけど、でも、こう書かざるを得なかったんだ」と思うこともあるかもしれない。

気に入らないところ、嫌いなところ、いやなところ。自分が書き写した文章を眺めてみる。自分の好みがわかってくる。なぜ嫌いなのかがわかってくる。好き嫌いは、ごく自然な感情のように思いがちだけど、じつは偏見や思い込みがあるかもしれない。嫌いな文章を書き写したノートは、自分を検証するきっかけになる。自分を知る手がかりになる。

疑問に思ったところ、納得できないところを書き写す。「なぜ?」「なに?」のたくさん並んだノートができる。「なぜ?」や「なに?」を解決するためには、また新しい本を読まなければならないかもしれない。辞書を引いたりインターネットで検索してわかるかもしれない。1冊の本から次の本がつながる。

本を読めば読むほど、新しい疑問が生まれる。問題を解決するために本を読んでいるはずなのに、本は問題の回答と同時に、その回答の何倍もの新しい問題を出してくる。以前は「当たり前」だと思っていたものが、本を読んでいるうちに当たり前ではなくなってくる。答えを見つけるのではなく、問題を探すこと。それが読書の喜びだ。

人名や地名など固有名詞を入れ替える

本を書き写すとき、固有名詞を別のものに入れ替えてみる。たとえば小説の登場人物を自分や知っている人の名前にする。土地の名前を自分が住んでいる町にしたり、そのほか固有名詞を自分の身近なものに置き換える。

これはけっこう笑える。主人公を自分の名前にすると、自分が小説のなかに入ったような気分になる。悪人の名前を、嫌いな人のものに入れ替えるとか。

手で書き写してもいいけれども、インターネットにつなげるコンピュータを持っているなら、青空文庫とワープロソフトを使うと、長い小説でも簡単につくりかえられる。青空文庫のサイトから、つくりかえたい作品を選び、テキストファイルをダウンロードする。青空文庫のファイルはテキストファイルとＸＨＴＭＬファイル、それからタイトルによってはエキスパンドブックファイルのものなどがあるが、扱いが楽なのはテキストファイル。これをダウンロードして、ワープロソフトの「置換」などの機能で固有名詞を書き換える。

ファインダーごしに見る

写真集をカメラのファインダーごしに見てみよう。ファインダーごしに見るということは、写真家と同じ目で被写体を見るということ。もっとも、カメラにはいろいろな種類があって、ファインダーの縦横の比率もさまざまだ。いちばん普及しているのは35ミリと呼ばれるフィルムに合わせた縦横比率だろうけど、正方形だったり3対2だったりいろいろ。また、本にするときトリミングといって、写真の一部を切り取っていることもある。だからファインダーごしだからといって、写真家とまったく同じ視点が得られるとは限らない。

でも、ファインダーごしで眺める写真は格別だ。なんというか、臨場感がある。自分がまるでその場にいるよう。たとえばアイドル写真集なら、自分がカメラを構えてアイドルを撮っているような気持ちになる。

ファインダーごしに写真集を見ていると、写真家が考えたことがいろいろわかってくる。慣れていない人が撮った写真は構図が平凡だ。たいていテーマとする被写体が写真のまんなかに写っている。人物だとまんなかに人の顔がある。「日の丸写真」なんていわれるのはこのためだ。すぐれた写真家の写真は、ファインダーの中央だけでものを見ていない。ファインダー全体を絵画のキャンバスのように使って見ている。被写体を右や左に寄せて、広い空間をつくり出し、そこに被写体の心象風景を描き出す。ファインダーごしに写真集を見る習慣は、風景を切り取るトレーニングになるだろう。

白川静という漢字学者がいた。苦学してほぼ独学で漢字について研究した人だ。晩年、白川さんのご自宅におじゃまして、お話をうかがった。テーマは白川漢字学がどのようにしてできたのか。すると白川さんは書斎の奥からトレーシングペーパーの束を取り出して見せてくれた。トレーシングペーパーというのは半透明の薄い紙だ。建築や機械の設計をするとき、図面の上にこの紙を載せてなぞる（トレースする）のに使う。イラストやマンガを書くのにも使う。白川さんのトレーシングペーパーには、古代中国の文字がいろいろ書かれていた。白川さんは、甲骨《こうこつ》文字や金文《きんぶん》など古代中国の文字にトレーシングペーパーを載せ、鉛筆でなぞるのだという。そうすると古代人の気持ちがわかってくる。古代人がどう考えて漢字をデザインしていったのかが見えてくる。

写真集をカメラのファインダーごしに見るように、イラストはトレーシングペーパーを載せて鉛筆でなぞりながら見るとおもしろい。見ただけではわからなかった線の動きや、構図の工夫が見えてくる。鉛筆でなぞることで、その絵を描いたときのイラストレーターの気持ちがわかる。たとえば花の絵にしても、花のどの部分に強く惹かれたのかが見えてくる。

絵の勉強では模写が重要だ。名画と呼ばれるものを手で描き写す。巨匠の筆づかいや色の使い方を追体験できる。書道では臨書《りんしょ》という。手本を見ながら書く。まねをするのはオリジナリティーのない、つまらないことのように思われがちだが、そんなことはない。まねをすることで、よりよい技術を身につけることができる。ぼんやり見ていただけでは見えなかったものが見えてくる。

ツッコミを入れる

本に書いてあることはなんでも無条件に信じてしまいそうだ。でも、本だって人が書いたもの。間違いもあれば、勘違《かんちが》いもある。同様に、テレビや新聞がいっていることだってそうだ。簡単に信用してはいけない。

本にツッコミを入れながら読もう。文章をひとつ読んだら、ツッコミを考える。ツッコミが思いつかなかったら、「おいおい」でも「ほんまかいな」でもいいから、とにかくツッコむ。しつこくツッコミを入れているうちに、だんだんいろんなツッコミが出てくるようになる。

「むかし、むかし、あるところに、おじいさんとおばあさんがおりました」とあったら。「むかしっていつやねん。5年前か？　10年前か、100年前か、1000年前か。はっきりせえや。10年前と1000年前とではずいぶん違うぞ。10年前のおばあさんは洋服着て自動車も運転していたかもしれないけど、1000年前なら着物か？　いや、着物もまだなかったかもしれない」「あるところって、どこや。なんで場所を隠さなあかんねん。いえないような事情があるのか。あるところというたかて、青森と沖縄では相当違うぞ。ニューヨークとヨハネスブルクだってかなり違う」「おじいさんとおばあさんってなんだ。たんに年取った男女だからおじいさんとおばあさんなのか、それともまだけっこう若いけれども孫がいるからおじいさん・おばあさんなのか」

こんなふうにいちいちツッコミを入れる。「なぜ？」「なに？」をしつこくぶつけ、ちょっとでもおかしいと思ったら「おい、まてまて。どういうことや、それ」とツッコむ。

話の展開に不自然なところはないか、前に書いてあったことと矛盾してはいないか、歴史的な事実と違っていることはないか。ひとつひとつツッコミを入れていく。ときには著者が意図的にウソをついていることもある。話をすり替えたり、都合の悪いことを隠したり。著者の肩書きがどんなに偉そうでも、ツッコミの手は緩めない。本に書いてあることはウソだらけ、みたいな気持ちで本を読む。

著者に手紙を書く

本を読んだら著者に手紙を書いてみる。実際に郵送してもいいし、書くだけ書いてしまっておいてもいい。著者がすでに亡くなった人でもいい。外国人で日本語が読めないかもしれないなどと気にする必要もない。とにかく書いてみる。

なにを書いてもいい。思いついたことをなんでも。こんなことを書いちゃ失礼だろうとか、怒るんじゃないかとか、いちいち気にしなくてもいい。

まずは正直な感想を書いてみる。おもしろかったか、つまらなかったか。おもしろかったのはどんなところか。おもしろかったところを探し出して、ぜんぶ並べてみる。つまらなかったのはどんなところか。これも、つまらなかったところをぜんぶ並べてみる。

つまらなかったところは、どういうふうだったらおもしろくなっていただろう。自分なりの改善策を考えてみる。改善策が複数あるときは、A案、B案、C案……と、改善策をいろいろ並べる。

疑問に思ったところも書いてみる。どうして主人公はあんな行動をしたのか。別の行動を取る可能性はなかったのか。登場人物のキャラクターの設定のしかた、登場人物の行動など、疑問に思ったところは正直に伝える。

評論文なら、異論、反論を書こう。ものごとには違う考え方もあるはずだ。著者はこういっているけど、自分は違う考えだと書こう。

著者への手紙は、著者に語りかける気持ちで書くのがいい。学校の宿題ではないし、誰もその手紙に点数をつけたり、いい／悪いをいわない。発表されることもない。安心して書けばいい。

採点をする

短編集やアンソロジーを読むとき、それぞれの作品に点数をつける。やり方はいろいろある。ＡＢＣの３段階評価でも、◎○△×の４段階評価でも、１００点満点の数字評価でも、どれでもお好きなように。

　点数をつけるのは意外とむずかしい。ある小説に80点をつけて、べつの小説に85点をつけたとする。この５点の差はなんなのか。考えなければならない。75点の小説は25点の小説の３倍おもしろいということなのか。あるいは、25点の小説は75点の小説の３倍つまらないということなのか。３倍おもしろいとか、３倍つまらないとか、そんなことはいえるのか。

　気に入らないところやダメだと思うところが出てくると、そのたびに減点していくという採点法もある。完璧な小説が１００点で、ダメだなと思うところ（比喩が変だとか、登場人物の行動が不自然だとか）が出てくるたびに５点ずつ減点していく。減点が20か所あると０点になってしまう。30か所ならマイナス50点か。

　50点からスタートして、いいところがあるとプラス５点、ダメなところがあるとマイナス５点にして、足したり引いたりしていく採点法もある。これもいいところがたくさんあると１００点を超えるかもしれないし、ダメなところばかりだとマイナスになる。

　いちばんはじめに出てくる作品を70点にして、ほかの作品はこれを基準に採点していくというやり方もある。でも、編集者はいちばん最初にいちばんいい作品を置くことが多いから、これだと70点が最高点になる可能性がある。基準点は80点ぐらいにしておいたほうがいいか。

短編集やアンソロジーで、「じぶんベスト3」をつくる。好きな作品を3つ選んで順序をつける。

短編集やアンソロジーでなくても、長編小説でも、評論でも、採点したりベスト3をつくったりできる。たとえば章ごとに採点する。好きな章、いまいちな章を選ぶ。好きなシーン、嫌いなシーンを選んでもいい。好きなセリフベスト3とか、嫌いな登場人物ワースト3とか。

たんに好き嫌いだけじゃなく、なぜ好きなのか嫌いなのかも考える。

POPを書く

本屋さんに行くと積んだ本のそばにその本の説明を書いた紙が針金のスタンドなどで立てられていることがある。ＰＯＰ（ポップ）という。正確にはＰＯＰ広告。ＰＯＰは point of purchase で、販売時点ということ。つまり販売する商品につけられた広告という意味だ。

昔からあるものだけど、本屋さんに広まったのは20年くらい前から。きっかけはCDショップだった。CDが普及する前、レコードというものがあった。アルバムはLPという直径30センチのビニールの円盤だった。いまでもクラブのDJなんかはこれを使う。LPは大きいので目立つ。ジャケットの裏側を見れば、どんなアーティストが参加しているのかとか、どんな曲なのかとかが一目瞭然だった。ところがCDは小さい。ジャケットの面積はLPの4分の1ぐらいしかない。あんまりたくさん書き込めない。お客さんからすると、どういう音楽なのかわからない。

そこでCDショップの人は考えた。ジャケットに書かれていないことや、書かれていても字が小さすぎて目立たないことを、カードに書いてCDにつけておけば、お客さんはわかりやすいだろう、と。それもレコード会社の人が考えた文章じゃなくて、CDショップの人が考えた文章を書いた。CDショップで働いている人は音楽好きが多いし、毎日たくさんの音楽を聴いているから、そのCDの特徴がよくわかる。これはお客さんにも大好評だった。

それを本でもやろうと考えた本屋さんが出てきた。本は毎日たくさん出る。そのなかで、「これはおもしろいですよ」という本にコメントつきのカードをつけた。それがＰＯＰだ。

本屋さんにはいろんなＰＯＰがある。同じ本でも本屋さんによって書いてあることが違う。「感動しました！」「泣きました！」と書いてあるものもあれば、もっと冷静に内容を伝えて、いかに重要な本なのかを解説しているＰＯＰもある。イラストがついたものもある。

というわけで、本を読んだらＰＯＰを書いてみよう。大きさはハガキぐらいがいい。文章も自分で考える。本のなかの好きなフレーズを書き写してもいいし、自分の感想を書いてもいい。ただしスペースはあまりないから、短い言葉でシンプルに伝えなければならない。また、たんに感想を書くだけでなく、まだその本を読んでいない人が読みたくなるような文章でなければならない。もちろんイラストがあってもいい。

友だちにこの本を教えるとしたら

読んだ本がおもしろかったら、友だちに手紙を書く。いや、実際に手紙を出さなくてもいい。もし手紙を出すとしたら、という仮定で書いてみる。

人にものを勧めるのはむずかしい。自分がおもしろいと思ったからといって、他人もそう思うとは限らない。人はそれぞれ違うから。感覚や好みの違いもあるし、考え方の違いもある。

　でも、感覚や好みが違う人に、考え方も違う人に、この本のおもしろさを伝えたいというときどうするか。

　なぜ自分がおもしろいと思ったかを書く。書くためには考えなきゃならない。なぜおもしろいと思ったのか。おもしろいと思ったのはどこなのか。

　書き方にも注意しなきゃいけない。「おもしろいから読めよ」といわれて、人は読む気になるだろうか。自分が手紙を受け取った場合を考える。勧められる側になって考える。

　勧められて悪い気はしない。知らなかったおもしろいものの存在を教えてくれるのはありがたい。でも勧め方にはいろいろある。ちょっと高みに立った感じで、人を見下すような感じで「キミは（アホだから）知らないだろうが、こんなおもしろいものがあるんだぜ。こういう本を読んでいるオレはえらいだろう。オレのことを尊敬しろ」という雰囲気むんむんだと、ちょっとおもしろそうだなと思いながら、「ケッ。読むものか、そんな本」と思ってしまう。

　嫌われない勧め方、不快にさせない勧め方を考えよう。

第6章
本だけが世界じゃない

本を読む時間をどうつくるか

本とつきあっていくうえで、いちばんむずかしいのは、本を読む時間をどうやってつくるかだ。現代人はいそがしい。いそがしすぎる。それは会社員でも中学生でも同じだ。以前、小学校3年生ぐらいの男の子が、こういったのを聞いた。

「もっと自分の時間がほしい」

思わず吹き出しそうになったが、でもよく考えると、それは彼の心の叫びだったかもしれない。両親やまわりの大人の受け売りだとはいいきれない。学校に塾、お稽古《けいこ》事、スポーツクラブ、そして両親たちの「家族サービス」につきあってあげなきゃならない。まったく、子どもはつらいよ。

だから学校や塾の勉強以外で本を読む時間をつくるのはむずかしい。「そのうち時間ができたら読もう」なんて、ぼんやりと待っていたのでは、いつまでたっても読みたい本を読める日はやってこない。

まとまった時間をつくるのはあきらめよう。南の島で、ビーチの木陰にハンモックを吊《つ》って、ときどきストローでジュースを飲みながら本を読む……大人たちが描きがちな夢だが、そんな日はやってこない、たぶん永遠に。

まとまった時間をつくれないときはどうするか。ふたつ方法がある。ひとつは「ながら読書」だ。なにかをしながら本を読む。ふたつめは「こま切れ読書」だ。

「ながら読書」のすすめ

ながら読書でぼくが10年以上前から実践しているのは「歯磨き読書」だ。歯を磨きながら本を読む。いや、本を読みながら歯を磨く。この話をすると笑ったり「できるの?」なんてうたがったりする人がいるけど、ぜんぜんむずかしくない。簡単だ。

まず歯ブラシを握る。どっちの手でもいい。ぼくは右利きだから右手で握るけど、利き腕じゃないほうで握る練習をするのもいいかもしれない。次に歯ブラシをぬらす。歯磨き粉はあまりつけない。つけるべきではない。歯磨き粉には研磨剤《けんまざい》が入っているから、長時間磨いていると歯の表面が削れてしまうのだ。まったくつけなくても問題はない。そして歯ブラシを口に入れる。

歯ブラシの動かし方、歯の磨き方にもぼくは一家言《いっかげん》あるのだが、これは歯磨きについての本じゃないから省略。ひとつだけいっておくが、歯磨きのしかたはちゃんと勉強しておいたほうがいい。自己流だったり、両親の磨き方の見よう見まねでは、きっと磨き足りないところがでてくる。そして、その磨き足りないところにばい菌がついて虫歯になる。じょうずな歯の磨き方は、本を読んで調べたり、歯医者さんに聞けばわかる。

さて、ふつうに歯を磨くのだが、これと読書を同時におこなうには、洗面所でというわけにはいかない。座れるところ、そして机の上に本を置けるところを選ぶ。机の上に本を置き、歯ブラシを握っていないほうの手で開き、ページをめくる。その間も歯ブラシを握った手は細かく動かし続ける。これが歯磨き読書だ。

どのくらいの時間、歯磨き読書をするのか。

ぼくの場合は30分だ。1日3食。朝ご飯、お昼ご飯、晩ご飯。それぞれのあとに歯を磨く。それぞれ30分。

30分は長いだろうか。歯を1本1本意識しながらていねいに磨いていると、だいたい10分ぐらいかかる。それを3周やれば30分ぐらいは経ってしまう。

もっとも、歯磨きにかける時間は自由だ。15分でもいいし、10分でもいい。3分でも磨かないよりはましだ。

歯磨きをしながら本を読む。これが意外と集中できていい。毎分1ページの速度で読む人なら、15分で15ページだ。1日3回なら45ページ。200ページの本なら、5日もあれば読み終えてしまえる。

寝る前の読書というのもおすすめだ。ふとんに入る直前まで勉強をしていると、目がさえて寝つけない。脳が興奮しているのだ。積み重なると寝不足になる。だからふとんに入ったらむりに眠ろうとせず、寝床のなかで本を読む。もちろんおもしろ過ぎるエンターテインメントなんかだと、さらに興奮してしまい、さらには「あと1ページ」「もう1ページだけ」とどんどん読み進めて、最後まで読んじゃったなんていうことになりかねない。だから読む本を選ばなきゃいけない。でも、適度に退屈で適度におもしろい本なら、勉強で疲れた脳がだんだんリラックスしてきて気持ちよく眠りに入れる。

寝る前の読書で気をつけるのは本の選び方だけじゃない。照明や本を読む姿勢も大事だ。おかしな姿勢で読むと目を悪くしてしまう。光源が目に入らないように、そしてじゅうぶんな明るさがあるように工夫したい。

ぼくはやらないが、お風呂で本を読むのが好きな人もいる。湯船のなかで本を読む。ゆっくりつかると、リラックスできるし身体も温まる。本は濡《ぬ》れてもいい本を選ぶか、濡れないようにビニール袋などに入れるか。気をつければ意外と濡れないともいう。

カラスの行水になりがちな人は、あえてお風呂で本を読むようにするといいかもしれない。

「こま切れ読書」もおすすめ

テレビを見る時間を少し減らすだけで、本を読む時間はずいぶん増える。ふだん、なんとなくテレビを見ていることはないだろうか。学校から帰って、まだ晩ご飯まで時間があるとき、勉強しようかどうしようかと迷って、ついテレビをつけてしまう。やっているのはテレビドラマの再放送。見たことがあるし、結末もわかっている。だけどついだらだらと見てしまう。

テレビを見るより本を読む。テレビを見ないようにするには、少し努力が必要だ。我慢はストレスである。でも、見ない時間を少しずつのばせば、やがて見なくても平気になる。見ないと決めてしまえば、意外と困らない。あのだらだらとテレビの前ですごしていた時間はなんだったんだろうという気分になる。それと、なにかを我慢できるとわかることは、自制心があると自信を持つことにつながる。

電車やバスで通学している人は、車内で本を読む。30分かけて通学している人なら、その30分をケータイやスマホでのメールやゲームについやすのはもったいない。本を読もう。しかも電車やバスはすぐ来るわけじゃない。乗り継ぎもあるかもしれない。そのわずかな時間にも本を読む。そのためには、いつでもどこでも読める小さくて薄い文庫などをポケットかカバンのなかに入れておこう。

本はいっぺんに読まなくていい。10分ずつでも5分ずつでも3分ずつでもいい。時間をこま切れに使ってみる。たとえばテレビを見ていてCMのあいだだけ本を読むとか。学校に行く途中で信号が変わるあいだだけ読むとか。1時間の読書時間をつくるのはむずかしいけど、3分間を20回なら毎日の生活のなかでつくれそうだ。

こま切れ読書のいいところは、ほかのことをしていても本のことが頭からはなれないこと。1時間連続の読書は本を読んでいる1時間だけ本のことを考えるが、こま切れ読書だと起きている時間ずうっと本のことを考えるようになる。

いつも本を持ち歩くくせをつければ、日常のなかのほんの隙間《すきま》のような時間を読書時間に変えることができる。友だちと待ち合わせるときも、本さえあれば相手が遅刻してきてもあまり腹は立たない。「本を読む時間をつくってくれてありがとう」ぐらいの気分だ。まさか礼はいわないけど。

読書には体力がいる

本を読むにはからだをつかう。つかうのは目だけじゃない。人は全身をつかって本を読む。「つかう」イコール「動かす」とは限らない。「動かさない」のもからだをつかうこと。同じ姿勢でじっとし続けるのは苦しい。たとえば椅子に腰かけて本を読むというのは、腰かけたまま動かないということでもある。ページをめくったり足を組み替えたり背筋を伸ばしたりぐらいはするかもしれない。でも基本的には同じ姿勢を続ける。これが慣れないうちはすごくつらい。

どうすればいいか。慣れるしかない。いきなり2時間ずっと同じ姿勢でいることはできない。からだにも悪い。血液の循環が悪くなり、エコノミークラス症候群になる可能性もある。エコノミークラス症候群というのは、飛行機のエコノミークラスに長時間乗っていると起きやすくなる病気のことだ。

慣れるためには、短い時間からはじめて、少しずつ長くしていく。10分からはじめて、30分、1時間と延ばしていく。

コツは「本を読む」という行為は続けながら、からだのあちこちをときどき動かすこと。足を組み替える、肩を上下させる、背中を反《そ》り返らせる。家のなかなら立ち上がってもいい。

ときどき休憩をはさむ。人間の集中力はそんなに長く続かない。45分か、せいぜい1時間ぐらいだろう。だから50分読んだら10分休憩するとか、25分読んだら5分休憩するとか、適度に休む。水を飲んだり、軽い体操をしたり、ちょっと歩いたりする。休憩は目のためにもいい。

同じことを集中してある程度の時間続ける練習は、生きていくうえでいろいろと役に立つ。たとえば勉強もそうだ。成績が上がらなくて悩んでいる人は多いだろう。成績が上がらない理由は、勉強するときの集中力と持久力が足りないからだ。長い時間、同じ姿勢で同じことを続けることにまだ慣れていないのだ。トレーニングすれば集中力はつくし、持久力も伸びる。本を読むことはいいトレーニングになる。

本を読むこともランニングや筋肉トレーニングと同じだと考える。ランニングしているとつらくなる。息が苦しくなり、足は重くなる。全身がだるい。もう走るのをやめよう、やめて歩こう、できれば座り込みたい、そんなふうに思う瞬間がある。でもそのとき、「あと1分だけ我慢しよう」と考えて、「1、2、3……」と数えながら走り続ける。すると急に呼吸が楽になり、足が軽くなる瞬間がある（こともある）。「もうしばらく走り続けよう」と思い直す。しばらく走り続けるとまたつらくなってくる。そして「あと1分だけ」と我慢する。

「もうだめだ」と思ったとき、ちょっとだけ「だめ」を先送りにしてみる。すると一皮むけたみたいに力が出てくる。そうやって持久力がついてくる。読書も同じだ。15分読んで、ほかのことが気になってきても、「あと1ページだけ」と読み続けてみる。「あと1ページ」「あと1ページ」と、やめるのを先送りしていくうちに、30分続けて読めるようになる。

大人たちは同じことを続ける。会社員は毎日同じ時間に会社に行き、会社で同じことを繰り返す。それを何年も続ける。同じことを続けるにはコツがある。同じことを同じことだと感じないようにすればいい。昨日のしごとと今日のしごとは、似ているけど少し違う。似ているところにではなく、少し違うところに注意を向ければ、同じようなことの繰り返しもつらくはなくなる。

本を読むときも、本を読むという行為は同じでも、読んでいる文章はその瞬間瞬間で違っているはずだ。あるいは、たとえ同じ文章でも、はじめて読むときと2度目、3度目に読むときでは印象も読み取れる意味も違っているはずだ。その微妙な違いに注意を向ければ、読書はつらくなくなる。

読んだ本はどこへいくのか

読んだ本はどこへいくのだろう。物理的な話ではない。物体としての本は、読み終えたあと、本棚に並べられるか、図書館に返されるか、古本屋に売られるだろう。物体としての本は目の前から消えても、読んだ本は読んだ人のなかに残る。物体は貸し借りしたり分け合ったりすると減るが、情報は分け与えると増える。1冊の本は変わらないのに、その本を読んだ人が2人になれば情報を得た人は2倍に、5人になれば5倍に増える。

では読んだひとりひとりのなかで、本はどこにいくのか。「本を読んだ」という事実だけが残る人。読んだことから、なにかをはじめる人。読んだことで、なにかが変わる人。本によって、人によって、読んだあとに残るものは違う。

なにも残らない本もある。なにも残さない読み方もある。

ときどき、世界の見方が変わる本に出会う。ジャンルはさまざまだ。小説もあれば、ノンフィクションもある。哲学の本もあれば数学の本もある。その本を読む前と読んだあとでは、世界の見え方が変わる。テレビのニュースを見ていても、それまではただ漠然と受け流していただけだったのが、「そういうことだったのか」と考える。

たとえばファッションについての本を読む。いままでAというブランドの洋服もBというブランドの洋服も似たようなものだと思っていた。たいした違いはない。ほとんど見分けがつかない。でも、ファッションについての本を読むことで、AとBの違いが見えてくる。BはAの模倣にすぎないことがわかってくる。いちどその視点を身につけると、街を歩く人の服装が「読める」ようになってくる。

逆もある。いままでAとBはまったく違うものだと思っていたのに、本を読んだのがきっかけで、じつは本質的に同じだということが見えてくる。ジャンルを超えて、たとえば洋服と自動車と鍋と椅子のデザインにある共通性が見えてくるかもしれない。隠されていた差異に気づくこと。異なるもののなかにある同型性を見抜くこと。読んだ本は、読んだ人の目のなかに残る。その〝目〟は、新たな本を読むことで更新されていく。

忘れてもいい

本を読んだあとで、覚えていられるのはごくわずかだ。本をまるごと暗記することなどできない。暗記などしなくても、本をまた読めば、書いてあることは確認できる。

むかしむかし、ソクラテスという人がいた。哲学というものをはじめた人のひとりといっていいかもしれない。

ソクラテスは本に反対だった。考えたことや話したことを、文字にして本にしてしまうと、人は大切なことを忘れてしまうかもしれないから。大切なことは覚えておくのがいちばんだ。

でも、ソクラテスの弟子のプラトンは、ソクラテスがいうことを文字にして本にして残した。それが伝えられて現代のぼくたちもソクラテスがいったことを読める。

忘れるのはしかたのないことだ。でもすべてを忘れるわけではない。忘れないこともある。10%でも1%でも、なにかが残る。なにかが残ればいい。忘れることを恐れる必要はない。忘れるのは忘れてもいいことだから忘れる。それに、いちど忘れたと思っていても、また思い出すこともある。思い出すことでまた、新しい記憶がつくられる。

忘れてしまったからといってがっかりすることはない。忘れたら、思い出す楽しみができたと思えばいい。

本がすべてではない

本に書いてあること、本に載っていることがすべてではない。
国語辞典を例に考えてみよう。国語辞典にあらゆる言葉が載っているだろうか。そんなことはない。国語辞典にもいろいろ種類があって、大きさで分けると大中小とある。中学生や高校生が使うのは、小辞典や中辞典、学習辞典などだろう。大中小の国語辞典はそれぞれなにが違うか。いちばんの違いは収録されている言葉の数だ。語彙《ごい》数《すう》という。大辞典にはたくさん載っている。小辞典には少ししか載っていない。

じゃあ、大辞典にはすべての言葉が載っているか。残念ながらそうではない。大辞典をつくる国語学者や編集者は、すべての言葉を載せたいと思っている。しかし新しい言葉がつぎつぎと生まれる。そのなかには、テレビで芸人が使って流行した言葉や、若者が仲間内で使いはじめて広まった言葉などもある。新しい言葉、流行語のなかには、3年もすれば使われなくなり、忘れられてしまうものもある。たぶんそうやって消えていく新語や流行語のほうが多いだろう。でも、定着していく言葉もある。言葉は常に新しく生まれる。

新しい言葉を辞書に載せるか載せないか。辞書づくりにかかわる人がいちばん悩む問題だ。すぐ消えていくような言葉は載せたくない。でも、どの言葉が残り、どの言葉が消えるかは、言葉ができたときはまだわからない。だから辞書はいくら改訂して新しい版になっても、そこからこぼれ出てしまうものがある。辞書は常に生の言葉を後追いしていくしかない。

新しい言葉だけじゃない。ごく一部の地方だけで使われている言葉が発見されることもある。その地方の人びとにしてみれば前からずっとあったのだから新しいものではない。発見なんていう言い方は失礼かもしれない。でも辞書をつくる人は気づかなかった。辞書に載っていない言葉はたくさんある。

できるだけたくさんの日本語を載せようという大辞典ですら載らない言葉がある。中辞典は大辞典よりも収録語彙数が少ない（大辞典と中辞典の違いは語彙数だけじゃないけど）。小辞典となれば、もっと少ない。

でも実際に生活していると、小辞典ぐらいでじゅうぶん間に合う。本や新聞や雑誌を読んでいてわからない言葉が出てきたり、書けない漢字があったら引く。小辞典で間に合っていれば、なんとなく小辞典にはすべての言葉が載っているような気持ちになる。だけど実際には小辞典に載っていなくて中辞典に載っている言葉があるし、中辞典より大辞典のほうがたくさんの言葉が載っている。そして、大辞典にも載っていない言葉がある。

それは図鑑でも同じだ。植物図鑑にすべての植物が載っているわけではない。昆虫図鑑にすべての昆虫が載っているわけではない。植物学者や昆虫学者、図鑑の編集者たちが「すべてを載せたぞ」と思っても、新しく発見される植物や昆虫はいる。そして、未発見の植物や昆虫も世界にはたくさんいるだろう。現実の世界は本の世界よりも大きい。

ところがときどき考え方が逆立ちしてしまう。本に載っていないことはウソだと錯覚してしまうのだ。植物図鑑に載っていない植物は植物じゃない。昆虫図鑑に載っていない昆虫は昆虫じゃない。国語辞典に載っていない言葉は言葉じゃない。まさか！本よりも世界は大きくて広い。

本を読んでもわからないことはたくさんある。

旅行するとき、ガイドブックを読む。「あそこに行こう」「ここで食べよう」といろいろ計画する。地図を見て、どの道を歩くか考える。ガイドブックを見ているだけで、旅をしているような気持ちになる。わくわくしてくる。

実際の旅はガイドブックどおりとはいかない。楽しみにしていた美術館は臨時休館かもしれない。お寺は改修中で大きな幕がかかっているかもしれない。食べたかった名物料理は、ガイドブックの写真よりうんと小さく、味も期待したほどではなかったかもしれない。だいいち、天気が違う。ガイドブックの写真はいつも晴れている。でも実際の旅が天気に恵まれるとは限らない。台風が来るかもしれないし、ひどく寒い日が続くかもしれない。

でも、ガイドブックどおりでない旅がつまらないわけではない。美術館が臨時休館していても、その近くにおもしろいお店があるかもしれない。名物料理にがっかりしても、ガイドブックに載っていないおいしいものがあるかもしれない。

以前、四国を旅していて、台風に遭遇《そうぐう》したことがある。高速道路は閉鎖され、町を歩くこともできない。ぼくはホテルの隣にあった文学館に入った。文学館に興味があったわけではない。ほかに行くところがなかったのだ。文学館では展示物を丹念に見た。館内の何か所にもある資料ビデオはすべて見た。1回まわっただけでなく、3回もぐるぐる見て歩いた。すると、だんだんおもしろくなってきた。興味のなかった作家が好きになり、その町で生まれた作家のことをあれこれ想像した。それ以来、ぼくは文学館を見つけると入るようになった。あのとき台風が来てガイドブックどおりの旅ができなくなることがなかったら、一生あの文学館には入らなかっただろうし、ほかの文学館に興味を持つようになることもなかった。旅はガイドブックの外にある。

読まなければわからないこと

世界は本よりも広い。でもだからといって、本を読むことは無意味だろうか。読んでもわからないことはあるけれども、同時に、読まなければわからないこともある。世界が本よりも広いからといって、本をばかにしてはいけない。本よりも広いはずの世界も、本を読まなければ、その広さはわからない。

もしも昆虫図鑑がなければ、目の前の昆虫が新種なのかどうかはわからない。新種だとわかるのは、昆虫図鑑があるからだ。

読まなければわからないことはたくさんある。たとえば過去のこと。５００年前のことをぼくたちは知らない。５００年前の人がどう生きたかを知るには、本を読むしかない。５００年前にはビデオもなかったし、写真もなかった。文章や絵をはじめ、さまざまな資料から読み取っていくしかない。

未来のこともそうだ。来年どうなるか、10年後はどうなるか、１００年後はどうなるか。誰にもわからない。誰にもわからないけれども、いまあること、過去にあったことから、それなりの的中確度の予測をすることはできる。確度は１００％ではない。１００％ではないけれども０％でもない。

他人のことも読まなければわからない。にこにこ笑っていても、心では泣いているかもしれない。笑顔の裏側には、大きな悲しみがあるかもしれない。気づかなければただの笑顔。しかし、その人が書いた本を読むと、笑顔の向こうの悲しみが見えてくる。するとその人に似た人の笑顔にあったとき、気づかずにすませることはできなくなる。

本を読まない人をばかにしてはいけない

本は読まないより読んだほうがいい。でも、本を読んだからといって、偉いわけではない。本をよく読む人が、みんないい人とは限らない。本を読まない人にもいい人はいるし、本をたくさん読んでいても意地悪な人はいる。本を読む／読まないと、その人の人格は関係ない。

だから本を読まない人をばかにしてはいけない。本をたくさん読む人がおかしがちな間違いは、本を読んだことで自分が偉くなったように錯覚することだ。たしかに本を読む人は読まない人よりものをたくさん知っているかもしれない。でも知識が多いからといって、その人がいい人かどうかはわからない。

知識がたくさんあっても、悪いことをする人はいる。知識がたくさんあるなら、被害に遭った人がどんな気持ちになるか想像がつくだろうに、それでも他人を犯罪に巻き込むのをやめられない人がいる。

本を読むことを過剰に評価してはいけない。本を読むからといって、いばってはいけない。世の中には、本を読むより大切なことがたくさんある。

ブックガイド　本の本　おすすめ12冊

M・J・アドラー、C・V・ドーレン『本を読む本』（外山滋比古・槇未知子訳、講談社学術文庫）

本の読み方を解説した古典。大学生向けだが、中学生から社会人まで幅広く使える。

幅允孝『幅書店の88冊――あとは血となれ、肉となれ。』（マガジンハウス）

本があるところに人が集まらないなら、人が集まるところに本を持っていこう、というのが幅さんの考え。人気ブックディレクターが、好きな本について語る。

渡辺茂男『心に緑の種をまく――絵本のたのしみ』（新潮文庫）

絵本は赤ちゃんだけのものじゃない。大人だって絵本を読みたい。児童書の翻訳や創作をしてきた著者による絵本の楽しみ方案内。

エクスナレッジ編『世界の夢の本屋さん』（エクスナレッジ）
世界にはかっこいい本屋さん、きれいな本屋さん、うっとりするような本屋さんがいっぱい。世界中の魅力的な本屋さんをたくさんの写真とともに紹介する。

華恵『本を読むわたし――My Book Report』（ちくま文庫）
中学生のときからエッセイスト、モデルとして活躍してきた著者の、本についてのエッセイ。

松岡正剛『多読術』（ちくまプリマー新書）
本にはいろんな読み方がある。本にはいろんな出会い方がある。むやみにたくさん読めばいいっていうもんじゃないけど、1冊読むごとに世界が広がる。

石原千秋『未来系の読書術』（ちくまプリマー新書）
読書とはなんなのか。読書しているとき自分はどこにあるのか。自分との関係を軸に考える読書論。

岩波書店編集部編『カラー版　本ができるまで』（岩波ジュニア新書）
本はどんなふうにしてつくられるのか。製紙・印刷・製本のプロセスはどうなっているのか。本はどんな歴史をたどってきたのか。

田中共子『図書館へ行こう』（岩波ジュニア新書）
図書館は本をただで借りるところ？　いやいや、それだけじゃもったいない。調べたり出会ったり考えたりする場所が図書館。図書館はぼくらを助けてくれる。

樺山紘一編『図説　本の歴史』（河出書房新社）
本はいつだれが発明したのか。本は最初からいまみたいな形をしていたのか。写真で見てびっくり！　本には長い歴史があった。

津野海太郎『新・本とつきあう法――活字本から電子本まで』（中公新書）
紙の本から電子の本へ、本が大きく変わりはじめている。じゃあ、紙の本はもうなくなるのか。電子の本はほんとうに本なのか？　本とのつきあい方はどう変わるのか。

池澤夏樹編『本は、これから』（岩波新書）
作家、詩人、学者、デザイナー、漫画家、書店員など、さまざまな職業の読書名人たちが語る本の未来。こんなに本が好きな人がいるんだ。

文庫版あとがき

本書は「14歳の世渡り術」シリーズの1冊、『本を味方につける本』の文庫版です。もとの本は若い読者を意識した書名だったので、今回、文庫化にあたって変更しました。もとの本を買ってくれた人が、間違えてまた買っていただけますように、などと考えたわけではありません。内容はほとんど変わっていませんのでご注意を。

もとは「14歳の世渡り術」シリーズのために書き下ろした本ではあるけれども、ぼくとしては若い読者だけを意識して書いたわけではありません。むしろ10歳以上100歳まで、いやいや、7歳でも6歳でも、105歳でも110歳でも読んでいただけるといいなと思って書きました。というのも、ぼく自身、日ごろ若い読者向けの本をよく読んでいるからです。「14歳の世渡り術」シリーズはもとより、岩波少年文庫や岩波ジュニア新書、ちくまプリマー新書など。そのほか、図鑑類や絵本なども読みます。若い読者に向けて書かれた本は、文章がやさしく、しかし説明はていねいで、すうっと頭に入ってくるよう工夫されています。それでいて手抜きがない。これはぼくの偏見かもしれませんが、書き手の誠実度が、大人向けの本よりも高いんじゃないかという気がします。だから14歳のために書かれた本は、41歳が読んでもおもしろいし、得るものが多いのだと思います。

それにしても、ぼくはなぜ本を読むのだろうか。今回、文庫化にあたって再度この本を読み直してみて、つくづく考えてしまいました。たぶんぼくは、自分ひとりで本を読めるようになって以来、本を読まなかった日は数えるほどしかないと思います。風邪で熱を出したとか、二日酔いで目が回っているとか。それ以外はなにかしら読んでいました。

本書の終わり近くにでてくる「読んだ本はどこへいくのか」ということばは、鶴見俊輔さんのエッセイ『読んだ本はどこへいったか』に示唆されたものです。鶴見さんのこの本は、ぼくの仕事机の本棚の、すぐ目に入るところにあります。どこへいったか、という問いかけは、もちろん物理的にどこへいったかという意味ではありません。あなたの内部のどこに具体的な影響を与え、現在のあなたのものごとの見方や考え方や行動のしかたにどうかかわっているのか、という意味でしょう。この本を見上げるたびに、鶴見さんに「君はいつも本を読んでいるようだけど、読んだ本は君のどこへいったのかな」と問われている気持ちになります。

毎日、毎日、いろんな本を読んでいると、ぼくのなかのどこかにとどまり続ける本もあれば、3日もすれば読んだことさえ忘れてしまうような本もあります。そして、数からいうと後者のほうが圧倒的に多い。じゃあ、読んで何も残らない本に意味はないのか。そうではないと思います。読んで何も残らない本を大量に読むから、残る本にであうこともできるのだと思います。そりゃあ、古典・名著・名作・傑作ばかり読んでいられればいいかもしれないけど、そして実際、ぼくは中年の終わりにさしかかってからは、意識的に古典・名著・名作・傑作を読むようにしているけれども、でもそれだけではどうも物足りない。駄作には駄作のよさがあるのかもしれない、などとも思います。

なぜ読むのか。実利的な理由は大きい。まっさらな白紙状態でものごとを見たり考えたりするのは難しいことです。曇りも歪みもない目で、ものごとの本質だけをまっすぐ見るように、なんていってもよほどの才能に恵まれていないとむりです。

たとえば旅に出るとき。ガイドブックも読まず、地図も時刻表も持たず、行き当たりばったりの旅というのはロマンティックですが、現実にはどうなのか。帰ってから、あそこにも行くんだった、ここも見ておくんだった、なんて思わないだろうか。吉田兼好も『徒然草』で書いてますね。仁和寺の坊さんが、石清水八幡宮にお参りしなきゃと思って、ひとりで歩いていった。極楽寺と高良神社だけお参りして、肝心の八幡宮にはお参りしなかった。八幡宮が山の上にあることを知らなかったから。やっぱり下調べはしたほうがいい。もちろん、「しまった、わたしがお参りしたのは極楽寺と高良神社だったのか」と後で知って、また石清水八幡宮をお参りし直すのもいいでしょう。いまなら仁和寺から石清水八幡宮までは、京福電車と京阪電車を乗り継いで、徒歩も含めて2時間弱もあれば行けるでしょうが、『徒然草』の時代は徒歩《かち》よりもうでけり、ですから大変だ。

しかし現実を見る前に本を読んで調べる、あるいは現実を見たあとに本を読んで考える、または現実と本を交互に見ながらあれこれ迷うというのは、たんにむだをはぶくとか、効率よくなにかをするためだけではない、もっと大きな何かがあるように思います。たとえば真っ白な紙はそれだけだと白いと意識することもありませんが、青く太い直線を引くことで「白いな」と気づいたり。さらに青い線と直角に交わる赤い線を引くとか、その交点から鉛直の黄色い線を引くことでいままで平面だと思い込んでいたものが立体になって見えたりとか。そういう本をぼくは思考の補助線を与えてくれる本と呼んでいます。

でも、まあ、新たな視線を与えてくれる本ばかり貪欲に求めているわけでもないし、「こんなの初めて！」という体験だけが気持ちいいわけでもない。「また、これか」と既視感を抱きながら、予想通りの展開になっていく物語を読んで、なかば呆れつつも、でもその反復性が妙に心地よかったりするわけです。勧善懲悪の時代劇ドラマを見るのと似ているかもしれない。それもまた読書です。よく、こうすれば「デキる」とか「モテる」といった切り口の雑誌記事があったりしますが、デキなくてもモテなくても、ただダメなだけの読書だってぼくは大好きです。

悔やまれるのは、学術的な本をきちんと読む訓練を受けてこなかったことです。パラグラフごと内容をまとめたノートをつくりながら、ときには原書と照らし合わせながら読むようなことをしてこなかった。本の読み方を習っておくんだった。ぼくには仁和寺の法師を笑えませんね。

20年くらい前、まだ30代のころ、毎月、不良少年たちに会って話を聞き、記事にする仕事をしていました。彼らの多くは、本屋が嫌いなようでした。その理由は、学校の先生からよく「本を読みなさい」といわれていたから。彼らの多くは小学校の3、4年生で授業についていけなくなっています。高学年になると、教科によってはほとんど理解できない。理解できないことを、座り心地のわるい椅子にずっと腰かけて、聞いていなければいけない。それが毎日、何時間も続き、月曜から金曜まで繰り返される。拷問のようなものだと思います。先生なんて大嫌い。先生は敵だ。その先生が勧める読書も敵。本がたくさんある本屋も敵。彼らが書物に触れるのはコンビニでした。

彼らと会って、本屋が敵だと思っている人たちもいるのだと新鮮な驚きを感じると同時に、彼らにこそいろんな本を読んでほしいと思いました。彼らの多くは世の中のことに対する知識が圧倒的に不足していて、だから悪い大人の餌食にされることも少なくありません。ぼくが会ったひとりは、トルエンの売人をしていて、その年齢には不似合いないいマンションに住んでいましたが、彼の部屋にあったたった1冊の本は、某有名暴力団会長の自伝でした。「売人なんて、使い捨てにされるだけだから、つかまる前に足を洗ったら」といっても、「ジブンは大丈夫っす」と繰り返すだけでした。

読書のいいところは、誰にでも開かれていることです。年齢・性別・職業・学歴・出身地など一切問いません。誰でも本は読める。お金がなくても、図書館を使える。残念ながら身体的なハンディキャップのある人へは、まだじゅうぶんに開かれているとはいえませんが、それでも少しずつ改善されつつある。今後、電子書籍をはじめさまざまなテクノロジーによって、いままで読書から隔てられていた人も読めるようになると思いますし、そうでなければならないと思います。
本はいつでも誰でも読めるものです。けっしてあなたの敵ではなくて、味方にするといいやつです。

２０１５年10月

永江朗

おとなのための「解説」

鷲田清一

この本に書かれていることはとにかく明快、丁寧、そして長年本や書店を渉猟《しょうりょう》してきた人だけあって説得力がある。激励されもする。解説など無用だ。だから蛇足にならないよう、そしてこれを読みはじめた中学生たちの学びのリズムを毀《こわ》さないよう、ひょっとしたらこれを手に取るかもしれないおとな向きに、「解説」とは別の文章として草したいとおもう。

ブックガイド、ジャンル別ベスト、書店案内……となると、いちばんに思い浮かぶのが永江朗さんである。アール・ヴィヴァンの書店員から始めた人生、じつはこの人、バリバリの哲学科出身である。バリバリというのは研究生活を貫いたという意味ではない。ひそかな〝愛人〟としてこれほど哲学に淫してきた人はないという意味で、だ。ちなみに〝愛人〟(amant) とは「愛好者・通」(amateur) という意味でのアマチュアであり、「知を愛する人」(philosophe) という意味での哲人でもある。そういう血筋がこの本の行間に横溢《おういつ》している。哲学を生業《なりわい》にしてきた者、「哲学屋」はそういう気配をすぐ感知する。永江さんにあっては、それを生業にしていないからこそそれがよけいピュアに現われている。「哲学屋」はそのことを、ちょっと嫉妬の思いも交えて確認せざるをえないのだ。

「問題を探すこと、それが読書の喜びだ」。この本で綴《つづ》られていることはほとんどこの言葉に尽くされていると言ってよい。ひとはふつう、何か直面している問題を解決するために本を開く。だからわかりにくい書き方をしていると腹が立つ。書いてあることが少ししかわからないと、この本はひどいということになる。しかしほんとうの読書とはそういうものではない。わかるということは現在のじぶんの理解の範囲に収まるということだ。それでは世界は広がらないし、めくれもしない。そう、読書は視点を変えるため、もっと別な見方をするためにある。視点を思いもよらない地点に引っ越しさせて、世界のもっと別な現われに触れるためにある。そしてその別の視点を体現しているものとして、他者が綴った書き物があるのだ。だから永江さんは一貫して、本を読む喜びは問題の解決ではなく問題の発見にこそあると言う。となると、逆説的にも、不明になることこそが本を読む悦びだということになる。じっさい、解けない問題がどんどん出てくると、哲学マニアは独り、にたにたしだす。

さて、そういうふうに世界を開いてゆくのは想像力だ。そして想像力をもっともよく飛翔させるのはアナロジーだ。「あれっ、これ似てない？」という感覚である。「哲学屋」は論理的な連関というものに拘泥《こうでい》しすぎるので、投げる網が意外に小さい。永江さんと話していると、その投網《とあみ》がどの方向に向くか、まったく予断を許さない。

たとえば、彼との共著、哲学の殺し文句をめぐる問答集『哲学個人授業』で最初の会話をしたとき、わたしはまず、若いころ意味はぜんぜんわからないのに心を鷲掴みにされた哲学の殺し文句の代表例として、キェルケゴールのこんな言葉を引いた。

――「精神とは何であるか？　自己である。自己とは何であるか？　自己とは自己自身に関係するところの関係である、すなわち関係ということには関係が自己自身に関係するものなることが含まれている」（『死に至る病』）。

わたしがこれについて縷々《るる》説明しているあいだ、永江さんはずっと別のことを考えていた（らしい）。「関係が関係に関係する」なんて、「すっげえやらしいですね」と返してきた。「密かに情を通じ」というあれである。「関係の関係」ということで、わたしは、関係にはそれに先だって関係項が存在するはず、つまり関係する人がいなかったらそもそも関係も起こらないという考えを覆すとんでもない視点を、それこそ目から鱗《うろこ》という思いでそこに見ていたのだったが、永江さんの反応にその落とし穴にも気づかされたのだった。つまり、「関係」がそのように「やらしい」こと（セックス）をも意味するなら、「関係の関係」である「自己」も「やらしい」もの、つまりは他者との交通・交感だということになってもよさそうなのに、「関係の関係」というあり方は、他者に向けてではなくて内へ、内へとみずからを閉じてゆくことになるのでは、という不穏な成り行きである。

はぐらかしというよりもむしろ、難儀な反論を仕掛けられたな、という思いだった。別の問答でも、それは起こった。マルクスの『資本論』をテクストにしたときだ。「商品の物神的性格」という箇所。物神的というのはフェティシズム的ということだ。フェティシズムというとひとはいちばんにあの足フェチ、下着フェチを思い浮かべる。けれど商品経済の秘密をフェティシズムという概念で解剖するマルクスについて語りあううち、そもそもただの紙一枚がとんでもない価値をもつことから貨幣こそフェティッシュだ、ただの石ころに神の降臨を見る呪術的思考もまたフェティシズム的だ、というふうに連想は広がった。今となればこれにお墓もつけ加えたいところだ。こうして性的倒錯からファッション、美術、商品経済、貨幣制度、宗教という、本来は別領域にあったものがぐいとつながってくる。文化はフェティシズムによって編まれている、ということを再確認させられたのである。このように、アナロジーはとても創造的というか、発見的なのだ。

そういう気配を感じてしまうからだろう、ほんとうに良い本は読んでいても「えっ」と驚くこと、頸《くび》をかしげることが多い。ほんの二割でも理解できたらめっけものというものが多い。なのに理解できなくても心が鷲摑みにされる殺し文句、歌舞伎に幾度かはさまる見栄《みえ》のような圧倒的瞬間がかならずある。そしてそれに触れるや、よくもわからないのに、「ねえ、こういうこと知ってる?」とだれかに教えたくなる。世界に別の相貌が開かれるスリリングな瞬間をだれかと共有したくなるのだ。

そのためには、若い折口信夫がその論考に記したような「斜聴」というような構えが要る。「斜聴」について、折口はそれこそ「斜視」とのアナロジーで次のように語る――

諸君は、視覚に、斜視という事実のあることを知って居られるであろう。物体の影が、網膜の中心に落つる時の眼球の運動は、直視であるが、その以外に影を結ぶものは即、斜視である。目を動かさずして、進行する物体の影の連続を断つことなく、見ることの出来るのは、この斜視あるが為で、直視せられた物体の連続を、ほのかに見ることの出来るという斜視の作用は、これを聴覚の上にも写して考えることが出来ると思う。

永江さんが推奨する斜め読みというのも、きっとこういうところから発想されているのだろう。情動（emotion）、つまり心の動きを、書かれたものからだけでなく、その脈絡から、あるいはそれと連動している別の情動から、さらには書いた本人も気づいていないような次元から読み取るわざである。永江さんのいう、本を読むときもっとも大事な「問題を見つけるセンス」というのも、こうした「斜聴」的な構えに近いものなのだろう。

このわざについて、永江さんは彼一流の表現でこう述べる。「君が本を見つけるのじゃなくて、本が君を見つけてくれる」ようなところへじぶんを持って行かなくてはならないよ、と。アナロジーはそのためにある。アナロジー的に思考を遊ばせるにも、さまざまな方法がある。細切れでもいいし、斜め読みはもちろん、飛ばし読みでもいい。それぞれに「読み込み」とはまた違う意味がある。永江さんは、本をバラバラにして持ち歩く、人名や地名など固有名詞を入れ替えて読む、はては本を（文字どおり）解体するという禁じ手も推奨する。これは彼が長年愛用してきたコムデギャルソンの服にも言えること。ギャルソンの服にはときに着るのに怯《ひる》むようなものがある。

それを着こなすにはまず、それを着たまま一晩、ソファで眠ること。しわくちゃになって幾分かはじぶんの皮膚になじんでくると、臆病風が少しは和らぐ。本を読みかけて「いける」と感じたときというのは、一気に読み通すのが惜しいくらいの悦びとともに、こうした脅《おび》えにも襲われるものなのだ。

線を引く、書き写すなどの方法は、わたしもずっと採ってきた。体をいじめ、体に沁《し》み込ませてはじめてわかる次元というのが本にはある。だって相手、つまり本の書き手は、いちども会ったことのない人、異言語を話す人、死んでもういない人ばかりだからだ。その人たちの言葉を浴びるには、まるで彼らが目の前にいるかのように身体という次元で応接する必要があるからだ。

となると、ここでちょっと品位を欠くアナロジーが思い浮かぶ。「本を買う」という表現は「体を買う」という表現と字面のうえでほんの少ししか違いがない。「本」と「体」のこのアナロジーをことさら面白がったのが、ドイツの思想家、ヴァルター・ベンヤミンだ。まるでこのアナロジーに淫するかのように、その書き物のなかで次のようなアフォリズムを連発している――

「本と娼婦は、ベッドに連れこむことができる」

「本と娼婦――前者には脚注、後者には靴下のなかの紙幣《おさつ》」

「本と娼婦は、自分の生い立ちの記とやらを、嘘八百でかためて話すのが好きだ」

つまるところ、すこい本とは、まるでじぶんに宛てて書かれているとしか思えない本のことである。そう思わせるのも、本と娼婦（ホストクラブの「彼」でもよい）が使うおなじ手なのだろう。

（哲学者）

本書は２０１２年７月に小社より刊行された
『本を味方につける本――自分が変わる読書術』
（「14歳の世渡り術」シリーズ）を文庫化したものです。

本《ほん》を読《よ》むということ

自分《じぶん》が変《か》わる読書術《どくしょじゅつ》

二〇一五年一二月一〇日　初版印刷
二〇一五年一二月二〇日　初版発行

著　者　永江《ながえ》朗《あきら》
発行者　小野寺優
発行所　株式会社河出書房新社
〒一五一―〇〇五一
東京都渋谷区千駄ヶ谷二―三二―二
電話〇三―三四〇四―八六一一（編集）
〇三―三四〇四―一二〇一（営業）
http://www.kawade.co.jp/

ロゴ・表紙デザイン　粟津潔
本文フォーマット　佐々木暁
本文組版　KAWADE DTP WORKS
印刷・製本　中央精版印刷株式会社

Printed in Japan　ISBN978-4-309-41421-8

右翼と左翼はどうちがう?

雨宮処凛　41279-5

右翼と左翼、命懸けで闘い、求めているのはどちらも平和な社会。なのに、ぶつかり合うのはなぜか？　両方の活動を経験した著者が、歴史や現状をとことん嚙み砕く。活動家六人への取材も収録。

池上彰の選挙と政治がゼロからわかる本

池上彰　41225-2

九十五のダイジェスト解説で、日本の政治の「いま」が見える！　衆議院と参議院、二世議員、マニフェスト、一票の格差……など、おなじみの池上解説で、今さら人に聞けない疑問をすっきり解決。

自己流園芸ベランダ派

いとうせいこう　41303-7

「試しては枯らし、枯らしては試す」。都会の小さなベランダで営まれる植物の奇跡に一喜一憂、右往左往。生命のサイクルに感謝して今日も水をやる。名著『ボタニカル・ライフ』に続く植物エッセイ。

大野晋の日本語相談

大野晋　41271-9

一ケ月の「ケ」はなぜ「か」と読む？　なぜアルは動詞なのにナイは形容詞？　日本人は外国語学習が下手なの？　読者の素朴な疑問87に日本語の泰斗が名回答。最高の日本語教室。

日本人の神

大野晋　41265-8

日本語の「神」という言葉は、どのような内容を指し、どのように使われてきたのか？　西欧のGodやゼウス、インドの仏とはどう違うのか？　言葉の由来とともに日本人の精神史を探求した名著。

生物学個人授業

岡田節人／南伸坊　41308-2

「体細胞と生殖細胞の違いは？」「DNAって？」「プラナリアの寿命は千年？」……生物学の大家・岡田先生と生徒のシンボーさんが、奔放かつ自由に謎に迫る。なにかと話題の生物学は、やっぱりスリリング！

学校では教えてくれないお金の話

金子哲雄　41247-4

独特のマネー理論とユニークなキャラクターで愛された流通ジャーナリスト・金子哲雄氏による「お金」に関する一冊。夢を叶えるためにも必要なお金の知識を、身近な例を取り上げながら分かりやすく説明。

世界一やさしい精神科の本

斎藤環／山登敬之　41287-0

ひきこもり、発達障害、トラウマ、拒食症、うつ……心のケアの第一歩に、悩み相談の手引きに、そしてなにより、自分自身を知るために——。一家に一冊、はじめての「使える精神医学」。

心理学化する社会　癒したいのは「トラウマ」か「脳」か

斎藤環　40942-9

あらゆる社会現象が心理学・精神医学の言葉で説明される「社会の心理学化」。精神科臨床のみならず、大衆文化から事件報道に至るまで、同時多発的に生じたこの潮流の深層に潜む時代精神を鮮やかに分析。

小説の読み方、書き方、訳し方

柴田元幸／高橋源一郎　41215-3

小説は、読むだけじゃもったいない。読んで、書いて、訳してみれば、百倍楽しめる！　文豪と人気翻訳者が〈読む＝書く＝訳す〉ための実践的メソッドを解説した、究極の小説入門。

女子の国はいつも内戦

辛酸なめ子　41289-4

女子の世界は、今も昔も格差社会です……。幼稚園で早くも女同士の人間関係の大変さに気付き、その後女子校で多感な時期を過ごした著者が、この戦場で生き残るための処世術を大公開！

自分はバカかもしれないと思ったときに読む本

竹内薫　41371-6

バカがいるのではない、バカはつくられるのだ！　人気サイエンス作家が、バカをこじらせないための秘訣を伝授。学生にも社会人にも効果テキメン！　カタいアタマをときほぐす、やわらか思考問題付き。

生命とリズム

三木成夫　41262-7

「イッキ飲み」や「朝寝坊」への宇宙レベルのアプローチから「生命形態学」の原点、感動的な講演まで、エッセイ、論文、講演を収録。「三木生命学」のエッセンス最後の書。

内臓とこころ

三木成夫　41205-4

「こころ」とは、内蔵された宇宙のリズムである……子供の発育過程から、人間に「こころ」が形成されるまでを解明した解剖学者の伝説的名著。育児・教育・医療の意味を根源から問い直す。

「科学者の楽園」をつくった男

宮田親平　41294-8

所長大河内正敏の型破りな采配のもと、仁科芳雄、朝永振一郎、寺田寅彦ら傑出した才能が集い、「科学者の自由な楽園」と呼ばれた理化学研究所。その栄光と苦難の道のりを描き上げる傑作ノンフィクション。

おとなの小論文教室。

山田ズーニー　40946-7

「おとなの小論文教室。」は、自分の頭で考え、自分の想いを、自分の言葉で表現したいという人に、「考える」機会と勇気、小さな技術を提出する、全く新しい読み物。「ほぼ日」連載時から話題のコラム集。

おとなの進路教室。

山田ズーニー　41143-9

特効薬ではありません。でも、自分の考えを引き出すのによく効きます！自分らしい進路を切り拓くにはどうしたらいいか？　「ほぼ日」人気コラム「おとなの小論文教室。」から生まれたリアルなコラム集。

解剖学個人授業

養老孟司／南伸坊　41314-3

「目玉にも筋肉がある？」「大腸と小腸、実は同じ!!」「脳にとって冗談とは？」「人はなぜ解剖するの？」……人体の不思議に始まり解剖学の基礎、最先端までをオモシロわかりやすく学べる名・講義録！